FISCHER SAUERLÄNDER

Gudrun Mebs, geboren 1944, aufgewachsen in Frankfurt am Main, schreibt seit 1980 für Kinder. Ihre Hörspiele und Bücher wurden vielfach ausgezeichnet, u. a. mit dem Deutschen Jugendliteraturpreis, und gehören zu den beliebtesten im deutschsprachigen Raum, vor allem ihre Geschichten rund um Oma und Frieder.

Rotraut Susanne Berner, geboren 1948, ist international eine der bekanntesten und meistgeehrten Illustratorinnen. Sie hat zahlreiche Bucheinbände und Bücher für Kinder und Erwachsene gestaltet und illustriert. Seit 1995 erfindet sie auch zunehmend eigene Texte und Geschichten in Wort und Bild. Ihre Arbeiten wurden mit zahlreichen Preisen ausgezeichnet. 2006 erhielt sie den Sonderpreis des Deutschen Jugendliteraturpreises für ihr Gesamtwerk. Rotraut Susanne Berner arbeitet und lebt in München.

Weitere Informationen zum Kinder- und Jugendbuchprogramm von Fischer Sauerländer auf *www.fischer-sauerlaender.de*

GUDRUN MEBS

Das dicke Buch von Oma und Frieder

42 Geschichten in einem Band

Mit Illustrationen von
Rotraut Susanne Berner

FISCHER SAUERLÄNDER

Alle Bände von Oma und Frieder:

»Oma!«, schreit der Frieder

Und wieder schreit der Frieder: »Oma!«

Oma und Frieder – Jetzt schreien sie wieder

»Schule!«, schreit der Frieder, und die Oma, die kommt mit

»Super«, schreit der Frieder, und die Oma kichert wieder

»Oma«, schreit der Frieder, »ich hab meine Lehrerin lieber!«

Serie bei Antolin gelistet

Inhalt

»Oma!«, schreit der Frieder

Und wieder schreit der Frieder: »Oma!«

»Oma!«,
schreit der Frieder

GUDRUN MEBS
OMA
SCHREIT DER FRIEDER

Picknick

»Oma!«, schreit der Frieder und zupft an Omas Rock. »Oma, wann machen wir denn endlich unser Picknick? Du hast's versprochen!«
»Ja lässt du mich gleich los, Bub!«, zetert die Oma und zeigt aus dem Fenster. »Sperr halt die Augen auf. Das schüttet ja wie aus Kübeln. Aus dem Nickpick wird nix.«
»Picknick, Oma«, sagt der Frieder und schaut traurig aus dem Fenster, »Picknick heißt das doch!«
»Das ist mir wurscht«, sagt die Oma, »aus dem wird auch nix. Wenn's doch regnet! Vielleicht ein andermal.«
Und sie nimmt den vollgefüllten Picknickkorb und trägt ihn in die Küche.
»Am Küchentisch schmeckt's grad so gut«, sagt sie noch und streicht dem Frieder über den Kopf. »Schau, Bub, ich kann doch nix dafür, wenn's regnet!«
Das stimmt. Sie kann wirklich nichts dafür, die Oma. Das muss der Frieder einsehen.
Aber traurig ist er trotzdem. Sehr sogar. Er hat sich doch so auf das Picknick gefreut. Würstchen haben sie dafür eingekauft und Semmeln und Äpfel und Bananen und eine Flasche Limo und einen ganzen runden Käse. Das haben sie alles in einen Korb gepackt, und ein Küchenhandtuch als Tischtuch dazu. Und gemütlich auf dem Spielplatz wollten sie ein Picknick machen. Erst spielen, dann essen. So war's ausgemacht. Und jetzt regnet's. Und wie. Mist!

Zornig stampft der Frieder auf. Blöder Regen!
Ein Picknick am Küchentisch ist doch kein Picknick. Das ist ein ganz normales Mittagessen, ein langweiliges dazu!
Da macht er nicht mit. Er nicht. Weil's nicht so ausgemacht war.
Wütend stampft der Frieder noch mal auf. Alles wird einem verdorben, aber auch alles!
Er lässt sich aber nicht alles verderben, nicht alles. Und jetzt schon grad gar nicht.
Und Frieder beschließt, er macht Picknick. Alleine. Auf dem Kinderzimmerteppich. Nun grade. Und ohne die Oma. Die will ja am Küchentisch … soll sie doch. Er jedenfalls nicht!
Vorsichtig schleicht der Frieder in die Küche, damit ihn die Oma ja nicht hört. Die planscht im Badezimmer herum. »Das kann sie auch im Regen haben«, denkt er, »dumme Oma«, und flitzt zum Picknickkorb hin und holt sich die Bananen. Den ganzen Buschen. Und damit saust er ab in sein Kinderzimmer und macht die Tür fest zu. So!
Jetzt kann's losgehen mit dem Picknick.
Frieder hockt sich auf den Boden, weil man das beim Picknick so macht und weil er überhaupt am liebsten auf dem Boden sitzt. Und er fängt an, Bananen zu mampfen.
Die erste schmeckt lecker. Frieder stopft sie mit drei Bissen in sich hinein.
Die zweite auch.
Die dritte, die isst er schon ein bisschen langsamer. Und bei der vierten, da beißt er nur noch ganz kleine Happen ab.
Eigentlich ist es doch nicht so gemütlich. Ein Picknick ganz alleine.

Missmutig schält der Frieder die fünfte Banane. Die schmeckt überhaupt nicht mehr gut, und eigentlich … ja, und eigentlich ist ihm schlecht. Sehr sogar.
Frieder stöhnt auf, lässt die Bananenschale fallen, drückt gegen seinen Bauch und stürzt aus dem Kinderzimmer.
»Oma«, jammert er, »Oma, mir ist so schlecht!« Keine Oma weit und breit. Frieder stöhnt und jammert und ruft und hält sich den Bauch und sucht die ganze Wohnung ab. Keine Oma. Nirgends. Die Oma ist weg!
Da heult der Frieder jämmerlich auf. Das ist zu viel. Ihm ist schlecht und die Oma ist weg.
Und heulend sucht er noch mal die ganze Wohnung ab. Die Wohnung ist wie immer. Nur ohne Oma.
»Oma!«, schreit er, und noch mal, in den höchsten Tönen: »Oma!«
Doch plötzlich ist er still. Er hört was. Das klingt so ähnlich wie »Bub« … und »kommen« … Das klingt wie die Stimme von der Oma. Aber eine Oma-Stimme, die von weit her ruft. Von wo?
Aufgeregt stürzt der Frieder ans offene Fenster … und da sitzt die Oma. Gegenüber. Im Straßenbahn-Wartehäuschen! Einen Regenschirm hat sie in der Hand, und neben sich auf der Wartebank hat sie das Küchenhandtuch als Tischtuch ausgebreitet und die Äpfel liegen drauf. Und die Semmeln. Und die Würstchen. Und sie winkt zum Frieder hoch und legt die Hand an den Mund und schreit: »Bub, weißt du, wo die Bananen sind?« Der Frieder schnauft tief auf, und dann brüllt er aus Leibeskräften über die ganze Straße zur Oma rüber: »In meinem Bauch, Oma. Mir ist so schlecht!«
»Dann komm an die Luft!«, brüllt die Oma zurück. »Und

... und da sitzt die Oma. Im Straßenbahn-Wartehäuschen!

renn mir nicht in ein Auto, haben wir uns verstanden? Sonst hau ich dir den Popo voll!«

Der Frieder grinst und nickt und schluckt, und jetzt ist ihm gar nicht mehr so schlecht.

Er rennt die Treppe runter, auf die Straße, und …

»Bleib stehen!«, kreischt die Oma, obwohl weit und breit kein Auto zu sehen ist.

»Jetzt komm, aber schnell!«, ruft sie und winkt aufgeregt.

Und Frieder saust, so schnell er kann, zur Oma rüber.

»Mensch, Oma«, sagt er atemlos, als er vor ihr steht, »Oma, mir war ja so schlecht!«

»Ich bin zwar eine alte Frau, aber blind bin ich nicht«, sagt die Oma und zieht den Frieder neben sich. Und vorsorglich spannt sie auch noch den Regenschirm auf, was im Straßenbahn-Wartehäuschen ja wirklich nicht notwendig ist.

»Sicher ist sicher«, sagt die Oma, »sonst werden ja, wer weiß, die Würstchen nass.« Sie nimmt sich eins und beißt hinein.

»Und du«, sagt sie und kaut mit vollen Backen, »du kriegst heute keine Bananen mehr, dass du's nur weißt!«

Der Frieder nickt und strahlt und kuschelt sich neben die Oma und greift auch nach einem Würstchen. Würstchen rutschen immer.

Und dann picknicken sie lange und ausführlich. Unterm Regenschirm. Im Straßenbahn-Wartehäuschen.

Frieders Geburtstag

»Oma!«, schreit der Frieder und zupft an Omas Rock. »Oma, jetzt sag, wann hab ich denn Geburtstag?«

»Ja lässt du mich gleich los, Bub!«, zetert die Oma. »Und schrei nicht so, ich bin doch nicht taub!«

»Oma!«, schreit der Frieder noch lauter. »Jetzt sag's doch endlich! Wann hab ich denn Geburtstag?«

»Jetzt gleich, Bub Ungeduld«, sagt die Oma, »in drei Minuten!«

Und damit verschwindet sie in Frieders Kinderzimmer und macht die Tür fest zu.

Frieder hüpft aufgeregt auf und ab. Gleich hat er Geburtstag! In drei Minuten! Das hat die Oma gesagt. Und wenn's die Oma sagt, dann stimmt das auch!

Im Kinderzimmer rumpelt's und raschelt's. Das kann er durch die geschlossene Tür hören. Jetzt packt die Oma die Geschenke aus, ganz klar! Und vielleicht ist der Greifbagger dabei. Der rote große, den er sich so gewünscht hat. Sicher ist der Greifbagger dabei, bestimmt ... und wenn nicht?

Dem Frieder wird ganz kribbelig. Er kann's nicht mehr aushalten, er muss ... und er stürzt zum Schlüsselloch und schaut durch.

Da steht die Oma und legt auf den Kinderzimmertisch ... dicke Kniestrümpfe ... einen roten Pulli ... drei Tüten Kartoffelchips ... und ... Frieder schluckt vor Spannung ... einen

Greifbagger! Einen roten großen Greifbagger. Der, den er sich so gewünscht hat. Hurra!
Und jetzt zündet sie Kerzen an, fünf Stück, und jetzt … ruft sie: »Nicht gucken! Du guckst doch nicht durchs Schlüsselloch?«
Der Frieder fährt erschrocken zurück. Woher weiß denn die Oma … da ruft sie schon wieder: »Bub, geh aufs Klo und warte da auf mich. Bis ich dich ruf! Haben wir uns verstanden?«
Frieder kriegt einen roten Kopf, und leise schleicht er aufs Klo, setzt sich da auf die Klobrille und wartet und freut sich und denkt an den großen roten Greifbagger …
»Bub, reinkommen! Geburtstag!«, ruft da die Oma, und Frieder rennt aus dem Klo und ins Kinderzimmer … und bleibt wie angenagelt auf der Schwelle stehen. Er sieht mit einem Blick: Der Greifbagger ist weg! Strümpfe liegen da auf dem Tisch, ein roter Pulli, drei Tüten Kartoffelchips und fünf Kerzen stehen da. Aber kein Greifbagger.
Den hat er vorhin doch durch das Schlüsselloch ganz deutlich gesehen! Hat er denn geträumt?
»Und ich gratulier auch schön«, sagt die Oma und drückt dem Frieder einen Schmatz auf die Backe und singt mit dünner Stimme: »Hoch soll er leben, hoch soll er leben, ganz oft hoch!« So singt's die Oma immer am Geburtstag. Dann zeigt sie auf die Kerzen und auf die Geschenke und fragt: »Na, freust du dich auch recht?«
Der Frieder schluckt und nickt und geht langsam zum Tisch. Befühlt den Pulli, hebt die Kniestrümpfe hoch, knistert mit den Kartoffelchipstüten und schaut dabei heimlich in alle Ecken. Der Greifbagger ist wirklich nirgends zu sehen.

»Du sagst ja nix!«, wundert sich die Oma. »Das sind doch schöne Sachen, gell?«
»Doch, Oma«, nickt der Frieder und schluckt noch mal. Da ist so was in seinem Hals, das fühlt sich an wie Tränen.
»Dann probier einmal den Pullover an«, sagt die Oma, »und die Strümpfe. Ob sie auch passen!«
Der Pullover kratzt, aber Frieder sagt nichts, er schluckt an seinem Tränenkloß. Und beim Strümpfeanziehen schaut er schnell unter den Tisch, ob da der Greifbagger ... vielleicht ... nein.
»Passt alles!«, sagt die Oma zufrieden. »Und jetzt komm in die Küche! Mittagessen. Schnitzel gibt's, weil heute Geburtstag ist. Deiner!« Und damit lässt sie den Frieder stehen und verschwindet in die Küche.
Der steht im kratzigen, neuen Pullover und den warmen, dicken Kniestrümpfen da und ist enttäuscht und kann's immer noch nicht begreifen. Hat sich denn der Greifbagger in Luft aufgelöst?
»Jetzt komm halt, Bub Geburtstagskind«, ruft die Oma aus der Küche, »die Schnitzel werden ja kalt.«
Frieder seufzt tief auf, schnupft und schnieft und schluckt den Tränenkloß runter und schleicht in die Küche.
Da steht die Oma am Küchentisch, und vor ihr steht groß und prächtig rot ... der Greifbagger. Und mit dem baggert sie geschickt aus der Pfanne ein Schnitzel auf Frieders Teller.
Dem Frieder bleibt der Mund offen stehen. Da ist er ja! Da ist er ja endlich!
»So«, sagt die Oma und baggert ein Schnitzel auf ihren Teller, »ich will doch sehen, ob das neumodische Zeug auch funktioniert!«

»Ich will doch sehen, ob das neumodische Zeug auch funktioniert!«

Da schreit der Frieder los. Und wie!
»Hurra, Oma!«, brüllt er. »Hurra, hurra, da ist ja der Bagger!« Und er stürzt auf die Oma zu. Und auf den Greifbagger.
»Ich bin zwar eine alte Frau, aber blind bin ich nicht!«, sagt die Oma und holt die Kartoffeln. »Schlüssellochgucker, schlimmer!«
Der Frieder grinst und wird rot, beinahe so rot wie der Greifbagger. Er packt ihn und baggert Kartoffeln aus der Schüssel auf die Teller. Und fast überhaupt keine fallen daneben.
Es ist dann noch ein sehr schöner Geburtstag geworden.
»Der schönste!«, behauptet der Frieder.
»Das sagst du jedes Jahr!«, behauptet die Oma. »Schlüssellochgucker.«
Aber der Frieder wird nicht mehr rot. Jetzt hat er sich schon an das Wort gewöhnt.

Mensch-ärgere-dich-nicht

»Oma!«, schreit der Frieder und zupft an Omas Rock. »Oma, du sollst mit mir spielen!«
»Ja lässt du mich gleich los, Bub!«, zetert die Oma. »Spielen geht nicht, ich muss erst die Wäsche aufhängen. Eine alte Frau ist doch kein D-Zug, jetzt zerr nicht an mir herum!«
Und damit packt sie den Wäschekorb und die Wäscheklammern und will zur Tür hinaus.
»Oma«, schreit der Frieder noch lauter und hält sie am Rock fest, »du sollst aber mit mir spielen. Weil ich es will. Jetzt gleich!«
»Ja wirst du wohl!«, ruft die Oma und droht mit einer Wäscheklammer.
»Was nicht geht, geht nicht, und damit Schluss.«
Aber als sie Frieders enttäuschtes Gesicht sieht, da tut's ihr dann doch leid, und sie sagt: »Schau, Bub, jetzt hänge ich erst die Wäsche auf, und dann spiele ich mit dir, ja? Mensch-ärgere-dich-nicht, ja?« Und damit schnauft sie, Wäschekorb unterm Arm, zur Tür hinaus.
»Bäh!«, schreit der Frieder hinterher. Aber das hört die Oma zum Glück nicht mehr. Da ist sie schon unten im Hof. Und Frieder steht im Flur und ärgert sich.
Wäscheaufhängen! Das dauert ja ewig! Das weiß er schon. Mist! Wo er doch so Lust auf Spielen hat. Jetzt sofort. Aber die Oma ist weg.
Frieder überlegt. Und dann hat er eine Idee. Eine prächtige.

Wenn die Oma weg ist, dann … dann spielt er halt: Er ist auch weg! So!
Wenn die Oma vom Wäscheaufhängen wiederkommt, dann ist er einfach nicht zu Hause. Dann kann die Oma lange vor der Tür stehen und klopfen. Er macht nicht auf, er ist ja weg. Soll sie ruhig warten. So wie er. Das hat sie dann davon.
Den Haustürschlüssel hat die Oma nicht mitgenommen, das hat der Frieder genau gesehen. Den nimmt sie nämlich nie mit, wenn sie in den Hof geht zum Wäscheaufhängen. Weil ja der Frieder sonst immer zu Hause ist und wartet. Sonst immer. Heute nicht!
Frieder grinst, setzt sich im Flur auf den Boden, legt den Finger auf den Mund und wartet.
Ziemlich lange. Die Oma kommt und kommt nicht.
Frieder wird schon ganz kribbelig, da hört er endlich jemanden die Treppe raufschnaufen. Die Oma.
Und da ruft sie auch schon: »Bub, mach auf, ich bin wieder da!«
»Das klingt ja wie der Wolf bei den sieben Geißlein«, denkt der Frieder, »ganz genauso. Und die haben aufgemacht, und es ist schlecht ausgegangen. Ich mach nicht auf.« Er kichert leise in sich hinein und rührt sich nicht vom Fleck.
Da klopft die Oma gegen die Tür. »Ja sitzt du jetzt auf deinen Ohren? Aufmachen sollst du!«
»Nichts da«, denkt der Frieder, »jetzt grad nicht.« Er rührt sich nicht und macht auch keinen Mucks.
Nun pumpert die Oma feste gegen die Tür: »Ja bist du denn verrückt? Mach sofort auf. Ich steh mir ja die Beine in den Bauch.«

Da muss der Frieder beinahe laut lachen, aber er hält sich rechtzeitig den Mund zu und bleibt sitzen.
Schließlich hat er ja beschlossen, nicht zu Hause zu sein. Soll doch die Oma warten. Und sich die Beine in den Bauch stehen.
Die denkt aber gar nicht dran, sondern haut nun aus Leibeskräften gegen die Tür und jammert: »Bub, Bub, mach auf! Oder ist dir was passiert? Es wird dir doch nix passiert sein?«
Also, nun tut sie ihm aber doch ein bisschen leid, die Oma. Weil sie so jammert und sich Sorgen macht.
Sorgen soll sie sich nicht machen, und so ruft er ganz laut: »Nein, Oma, es ist nichts passiert. Ich bin bloß nicht zu Hause!«
Eine Weile bleibt's still vor der Tür, dann schreit die Oma: »Was bist du?«
»Nicht zu Hause!«, brüllt der Frieder zurück. »Weil ich immer auf dich warten muss. So!«
»Jetzt schrei nicht so, ich bin doch nicht taub«, ruft die Oma und dann murmelt sie noch was und dann ist nichts mehr zu hören.
Der Frieder lauscht. Nichts. Absolut nichts.
Frieder wartet eine Weile, horcht … noch immer nichts. Warum sagt denn die Oma nichts mehr? Ist sie etwa weggegangen und lässt ihn hier ganz alleine sitzen?
Frieder probiert's noch mal.
»Oma«, ruft er, »du, Oma, bist du noch da?«
Keine Antwort.
»Oma«, ruft der Frieder lauter, »Oma, sag doch was!«
Wieder keine Antwort.

»Bitte, liebe Oma!«, schreit der Frieder ganz laut, und beinahe muss er dabei heulen.

Nichts.

Jetzt ist dem Frieder klar, die Oma ist weg.

Auf immer.

Er springt auf und reißt die Tür auf und will ganz laut schreien … da sitzt die Oma vor ihm auf der Treppe und lässt ihre Wäscheklammern auf ihrem Schoß auf und ab spazieren.

»Mensch, Oma!« Der Frieder schnauft tief durch. »Hast du mir aber Angst gemacht!«

»Das kommt davon«, sagt die Oma, aber sie schaut nicht auf, sie schaut auf die Wäscheklammern auf ihrem Schoß.

»Was machst du denn da, Oma?«, fragt der Frieder.

»Ich spiele«, sagt die Oma, »Mensch-ärgere-dich-nicht! Jetzt hab ich mich schon wieder selber rausgeschmissen.«

»Mensch, Oma!«, sagt der Frieder noch mal und grinst und macht die Tür weit auf. »Komm rein. Dann spielen wir richtig. Ich bin nämlich wieder zu Hause, weißt du!«

»Na, Gott sei Dank«, sagt die Oma, steht schnaufend auf und nimmt Wäschekorb und Wäscheklammern. »Hier draußen zieht's. Und ich verlier andauernd.«

Und damit marschiert sie am Frieder vorbei in die Küche. Der Frieder grinst und springt hinterher. Und dann holen sie das Mensch-ärgere-dich-nicht-Spiel und dann sitzen Frieder und Oma in der Küche und spielen. Die Oma gewinnt andauernd.

Weil der Frieder sie gewinnen lässt.

Oder weil sie auf der Treppe so fleißig geübt hat.

»Mensch, Oma, hast du mir aber Angst gemacht!«

Vertauschte Rollen

»Oma!«, schreit der Frieder und zupft an Omas Rock. »Oma, ich mag nicht immer Frieder sein, ich mag mal Oma sein!«

»Ja lässt du mich gleich los, Bub!«, zetert die Oma. »Jetzt sei froh, dass du ein Bub bist. Kinder haben's besser!«

»Gar nicht«, sagt der Frieder und greift sich Omas Hut, den grauen, und Omas Tasche, die schwarze. »Omas haben's besser, das ist doch klar!«

»Ja bist du denn verrückt?«, ruft die Oma und will nach ihrem Hut greifen. Da klapst ihr der Frieder einfach auf die Finger, rückt den Hut gerade auf seinem Kopf und befiehlt: »Marsch, ab mit dir ins Kinderzimmer. Ich bin jetzt die Oma und damit Schluss!«

»Ja wie redest du denn mit mir?«, wundert sich die Oma und will nach ihrer Tasche greifen. Die zieht der Frieder aber schnell weg und er macht eine ganz tiefe Stimme und befiehlt noch mal: »Ab mit dir ins Kinderzimmer, habe ich gesagt! Da spiel schön. Aber ordentlich, haben wir uns verstanden? Ich geh in die Küche!« Und damit marschiert er würdevoll ab und lässt die verblüffte Oma stehen.

Die guckt, schüttelt den Kopf und murmelt dann: »Lausebengel, verflixter. Na, warte!« Und sie verschwindet im Kinderzimmer und macht die Tür fest zu.

Der Frieder steht in der Küche, Hut auf dem Kopf und Tasche in der Hand. Er schaut sich um. Dann legt er erst mal den Hut auf den Küchentisch und die Tasche daneben. So. Nun ist er also in der Küche. Als Oma. Was macht die Oma in der Küche? Sie wäscht ab. Aber abwaschen ist langweilig, und überhaupt hat die Oma längst abgewaschen. Nichts steht rum. Blitzblank ist die Küche.

Was macht sie denn noch? Sie kocht, ganz klar. Also muss er jetzt kochen. Am besten Reisbrei. Den mag er so gerne.

Zum Reisbrei braucht's Reis und Milch und Zimt und Zucker. Das weiß der Frieder längst.

Der Reis steht im Küchenschrank. Frieder holt sich den Küchenhocker, steigt rauf, öffnet die Küchenschranktür, und dann reißt er die Reistüte so heftig hervor, dass sie platzt und die Reiskörner auf den Boden rieseln. Macht nichts. Das kann man ja zusammenfegen.

Jetzt holt er den Zucker. Der Zuckertopf steht auch im Küchenschrank. Vorsichtig holt ihn der Frieder heraus und steigt vorsichtig vom Küchenhocker und will ihn vorsichtig auf den Küchentisch stellen, da kippt der Zuckertopf beinahe von selber um, und der Zucker rieselt in Omas Hut und in Omas Tasche. Blöd.

Na ja, dann holt er eben jetzt mal den Zimt. Aber den findet er nicht. Auch wenn er sämtliche Schüsseln, Teller und Töpfe aus dem Küchenschrank räumt, der Zimt bleibt verschwunden.

Na gut, der Zimt kann warten. Jetzt erst mal die Milch. Frieder holt aus dem Kühlschrank die Milch, schüttet sie in einen Topf. Leider schwappt die Hälfte daneben. Macht nichts, kann man ja aufwischen.

Nun muss die Milch auf den Herd. Frieder stellt also den Milchtopf auf den Herd.

Macht nichts.
Das kann man ja zusammenfegen.

Nun muss aber auch ein Feuer drunter. Frieder sucht nach Zündhölzern, sucht und sucht und findet sie nicht. Zündhölzer braucht er aber. Weil's sonst kein Feuer gibt. Und ohne Feuer kocht die Milch nicht, das ist klar. »Oma!«, schreit der Frieder und reißt die Tür auf. »Oma, bring mir Zündhölzer, aber schnell!«

»Ja bin ich denn dein Diener?«, schreit die Oma zurück. »Ich bin im Kinderzimmer und spiel schön, dass du's nur weißt!«

Der Frieder horcht auf. Was tut die Oma? Sie spielt schön? Das muss er sehen.

Frieder saust aus der Küche und ins Kinderzimmer. Da sitzt die Oma und hat alle seine Spielsachen um sich herum gestreut. Die Rennautos liegen im Bett, die Legosteine alle, aber auch wirklich alle, halb unterm Bett, halb auf dem Tisch. Die Malsachen liegen auf dem Boden, die Plüschtiere auf dem Stuhl, und gerade ist die Oma dabei, die Schachtel mit den Bauklötzen auszuleeren.

»So!«, sagt sie zufrieden, steht auf und marschiert am Frieder vorbei in die Küche.

Der Frieder staunt. Das Zimmer sieht vielleicht aus! So eine Unordnung! Das hat er ja noch nie geschafft! »Oma!«, brüllt er empört. »Mein Zimmer ist ja ein Schweinestall!«

»Wie du mir, so ich dir!«, brüllt die Oma zurück. »Meine Küche, die ist auch ein Schweinestall! Und überhaupt, mit Zündhölzern sollst du nicht zündeln, wie oft soll ich dir das noch sagen!«

»Und überhaupt«, schreit der Frieder, »mit meinen Spielsachen sollst du nicht so rumschmeißen, wie oft soll ich das noch sagen!«

»Na geh«, sagt die Oma und steckt den Kopf zur Küchentür

raus, »ich hab halt schön gespielt. Omas als Frieder spielen halt so!«

»Und ich«, sagt der Frieder und grinst dabei, »ich hab halt schön gekocht. Frieders als Oma kochen halt so.«

»Leider!«, sagt die Oma und grinst auch, und dann gibt sie dem Frieder einen Schmatz auf die Backe und sagt: »Weißt was? Jetzt bin ich wieder die Oma, und du bist wieder der Bub. Und ich räum auf in meiner Küche und du räumst auf in deinem Zimmer, ja? Und dann koche ich uns was. Einen Reisbrei, ja?«

Der Frieder nickt und der Frieder seufzt und dann fängt er an, die Bauklötze wieder einzusammeln und die Legosteine und die Plüschtiere und ... und ... und ...

Und eigentlich ist er jetzt doch lieber wieder der Frieder. Wenn er an die verschüttete Milch denkt und an den Zucker in Omas Hut ...

Die Oma seufzt und stöhnt und schnauft und wischt und fegt und räumt auf.

Und endlich ist sie fertig.

Der Frieder auch.

Ja, und dann haben Oma und Frieder zusammen Reisbrei gekocht. Mit Zimt und Zucker. Die Oma hat den Zimt sofort gefunden. Weil sie ja weiß, wo er steht.

Ja, und dann haben Oma und Frieder zusammen gespielt. Mit den Legosteinen. Und sie haben ein sehr schönes, sehr großes Haus gebaut. Weil der Frieder ja weiß, wie so was geht.

Fußball

»Oma!«, schreit der Frieder und zupft an Omas Rock. »Oma, ich möcht so gerne Fußball spielen. Spiel mit mir!«
»Ja lässt du mich gleich los, Bub!«, zetert die Oma. »Eine alte Frau ist doch kein D-Zug. Und ein Fußballspieler schon gar nicht, dass du's nur weißt. Ich muss jetzt bügeln!«
Und damit verschwindet sie in die Küche.
Frieder mault hinterher: »Nie und nie spielst du mit mir, dumme Oma!«
Aber er mault nur leise, damit die Oma es nicht hört, und dann zieht er ab ins Kinderzimmer. Wenn die Oma nicht will, dann will sie nicht, das weiß er schon längst.
Im Kinderzimmer greift der Frieder missmutig nach dem Fußball. Schön ist der, groß und schwer und schwarz-weiß, wie in echt.
Missmutig lässt er ihn über den Boden kullern. Kickt ein bisschen dagegen. Hebt ihn auf. Lässt ihn wieder fallen. Blöd. Niemand spielt mit ihm, und Fußball schon gar nicht. Wo er doch grad so Lust darauf hat.
Zornig haut er auf den Ball, dass der hochspringt und geradewegs ins Bett hineinhüpft.
Frieder schnappt ihn sich wieder, legt ihn sich vor den Fuß, den rechten, kickt, und im Bogen saust der Ball gegen die Schranktür. Boing! Das knallt!
Frieder grinst. Spielt er eben alleine Fußball. Wenn die Oma

ja nicht will. Es geht gut ohne die Oma, prima sogar. Er schnappt sich wieder den Ball und kickt gleich noch mal. Wieder gegen die Schranktür. Das knallt diesmal noch ärger.
»Ja bist du denn verrückt!«, schreit die Oma aus der Küche. »Schluss jetzt! Da kann ja kein Mensch in Ruhe bügeln!«
»Selber schuld«, denkt der Frieder, aber er sagt nichts, sondern kickt verbissen weiter. Diesmal ins Spielzeugregal. Volltreffer. Eine Schachtel mit Legosteinen prasselt zu Boden. Das lärmt. Herrlich!
»Was machst du denn da?«, schreit die Oma wieder aus der Küche. »Das Haus stürzt ja ein!«
»Ich spiel bloß ein bisschen«, ruft der Frieder zurück und hat schon wieder den Fußball vorm Fuß liegen. »Es ist nix passiert!«
»Ich bin zwar eine alte Frau, aber taub bin ich nicht«, zetert die Oma. »Spiel leiser, haben wir uns verstanden?«
»Grad nicht«, denkt der Frieder und holt aus und schießt einen gewaltigen Schuss. Mitten in die Bauklötze hinein. Der Pappkarton kippt um und die Bauklötze poltern heraus.
»Tor!«, brüllt der Frieder. »Eins zu null für mich!« Und er packt den Ball und legt ihn wieder vor seinen Fuß und holt weit aus und zielt, und boing landet der Ball in der Fensterscheibe.
Es klirrt und Frieder steht verdutzt und der Ball ist draußen und die Fensterscheibe ist kaputt.
Auweia. Das hat er nicht gewollt!
»So, jetzt reicht's!« Die Oma reißt die Tür zum Kinderzimmer auf und bleibt erstarrt auf der Schwelle stehen.
»Nein!«, ächzt sie.
»Doch!«, flüstert der Frieder.

Und beide beschauen mit großen Augen das gezackte Loch in der Fensterscheibe.
Und dann heult der Frieder los, und die Tränen hüpfen nur so über seine Backen: »Oma, das hab ich nicht gewollt, Oma!«
Er dreht sich zur Oma und drückt seinen Kopf an ihre Schürze.
»Oma«, schluchzt er, »es tut mir ja so leid.«
»Mir auch«, sagt die Oma und betrachtet kopfschüttelnd den Schaden. »Was geschehen ist, ist geschehen«, sagt sie, »da beißt die Maus keinen Faden ab!«
Frieder schluchzt jammervoll auf. »Oma, was machen wir denn jetzt? Die Scheibe soll wieder heil sein!«
Und da zetert die Oma los: »Ja was meinst denn du? Von selber wächst die nicht mehr zusammen, die Fensterscheibe. Da muss der Glaser her. Was für ein Umstand, was für ein grausliger. Und bloß, weil du im Zimmer fußballerst. Wer macht denn auch so was, das möcht ich grad mal wissen!«
Der Frieder sagt nichts, der Frieder steht und heult und klammert sich an der Oma fest.
Da packt sie ihn um die Schulter und schiebt ihn zur Tür und sagt: »So, und jetzt gehn wir erst mal den Ball holen!«
Und sie schiebt den heulenden Frieder die Treppe runter.
Der Ball liegt im Vorgarten. Still, schwarz-weiß und friedlich. Und Scherben liegen auch da. Nicht viel, aber immerhin. »Dass du mir die nicht anlangst«, sagt die Oma und bückt sich und sammelt vorsichtig die Scherben zusammen und legt sie auf ein Häufchen. »Fehlt grad noch, dass du dich schneidest!«
Frieder steht und schluchzt und langt nichts an.
Die Oma hebt den Ball auf, guckt auf den Ball, guckt hoch zur

zerbrochenen Fensterscheibe und murmelt: »Und gerade das Fenster hab ich morgen putzen wollen!«
»Das brauchst du jetzt nicht mehr, Oma«, flüstert der Frieder und schnieft und wischt an den Tränen herum.
»Lausebengel«, sagt die Oma und hat noch immer den Ball in der Hand. Nachdenklich schaut sie drauf, und dann sagt sie ganz langsam: »Na ja, wenn wir schon gerade unten sind …« Und sie legt den Ball vor sich hin, holt kräftig aus und kickt, und der Ball fliegt dem Frieder an den Kopf.
»Au!«, sagt der und greift sich an den Kopf und greift nach dem Ball. »Aber Oma!«
»Schieß zurück!«, schreit die Oma. »Und zwei Wochen gibt's kein Eis. Strafe muss sein!«
Frieder schnieft und Frieder nickt und Frieder wischt sich die Tränen weg, dann grinst er und schießt den Ball zurück. Die Oma fängt ihn geschickt auf und kickt zurück, und Frieder schmeißt sich dem Ball entgegen und hält ihn.
»Das war ein Tor gewesen«, japst die Oma. »Platz da, jetzt klappt's!« Und wieder holt sie mächtig aus und kickt, und diesmal saust der Ball ins Tulpenbeet. In das, was friedlich, rot und gerade im Vorgarten gepflanzt ist.
»Aber Oma!«, schreit der Frieder und muss noch mehr grinsen, aber dann springt er rasch zum Tulpenbeet und holt den Ball. Drei Tulpen sind umgeknickt. Abgebrochen sind sie zum Glück nicht. »Aber Oma!«, sagt der Frieder noch mal.
»Wenn man hier auch nicht ordentlich spielen kann«, beschwert sich die Oma. »Nirgends ist Platz!« Der Frieder nickt und schaut hoch zum zerbrochenen Fenster.
Da nimmt ihn die Oma an die Hand und sagt: »Jetzt gehn wir in den Park, ja? Zum Fußballern!«

»Schieß zurück!«, schreit die Oma.

Und Ball, Frieder und Oma ziehen in den Park. Und dort spielen sie, bis sie müde werden. Oma und Frieder. Der Ball nicht.
Aber die meisten Tore, die hat die Oma geschossen.

Buchstaben

»Oma!«, schreit der Frieder und zupft an Omas Rock. »Oma, ich will schreiben lernen. Jetzt gleich!«

»Ja lässt du mich gleich los, Bub!«, zetert die Oma. »Stör mich nicht, ich back Kuchen!«

»Prima! Dann will ich helfen!«, sagt der Frieder und langt schon in die Teigschüssel.

»Ja, was!«, sagt die Oma und klapst auf Frieders Hand. »Naschen willst du, sonst nix! Ich kenn dich doch! Raus aus meiner Küche, Naschbub!«

Frieder zieht einen Flunsch. »Bähhh … dann will ich schreiben lernen, Oma. Zeig's mir!«

Die Oma seufzt tief auf.

»Na gut«, sagt sie dann, »damit du aus meiner Küche rauskommst. Bring halt ein Papier und einen Stift.«

Frieder saust ab, ins Kinderzimmer, und sucht nach Papier und Stift.

Das heißt, er sucht nicht, er schaut sich flüchtig um und schon schreit er los: »Ich kann nichts finden, Oma, du musst es bringen!«

»Ja bin ich denn dein Diener?«, ruft die Oma zurück. »Willst du schreiben oder ich? Such richtig!«

»Alles muss man selber machen«, murrt der Frieder, aber er murrt nur leise, damit's die Oma nicht hört.

Und er sucht richtig und findet auch.

Einen schönen großen Bogen Papier, da ist noch nichts drauf,

bloß ein Schmutzfleck. Der stört nicht. Und einen Bleistift findet er auch. Einen blauen.
Damit saust er in die Küche und hält alles der Oma hin. Die wischt die Mehlfinger an der Schürze ab, seufzt tief auf, nimmt Papier und Bleistift, legt das Papier auf den Küchentisch, neben die Teigschüssel. Und dann schreibt sie ganz groß OMA drauf. Mit dem blauen Bleistift. Das sieht schön aus.
Frieder schaut gespannt zu.
»Was steht da?«, fragt er und zeigt auf die Buchstaben.
»Oma!«, sagt die Oma. »So, und das schreibst du jetzt. Aber im Kinderzimmer. Und ordentlich, haben wir uns verstanden?«
»Ja klar«, ruft der Frieder, packt das Papier und den Stift und verschwindet im Kinderzimmer.
Dort setzt er sich auf den Boden, legt das Papier vor sich hin und betrachtet die Buchstaben. Lange. Und dann fängt er an. Mit dem O. Das sieht aus wie ein Ei. Das geht ganz leicht. Denkt er.
Er setzt den Stift aufs Papier und kreiselt einmal rundum. So. Aber sein O sieht ganz anders aus als das von der Oma. Seins ist so rund. Das von der Oma nämlich nicht. Und Frieder probiert es noch mal. Diesmal nicht so rund, mehr so ein bisschen spitziger. Er drückt fest mit dem Stift auf, und zack ist ein Loch im Papier.
»Na gut«, denkt der Frieder und schnauft auf, »das ist halt schwer. Ich probier mal das Nächste.«
Das Nächste ist das M. Frieder schaut es lange an. Das geht doch leicht.
Er kneift die Zunge zwischen die Lippen und malt los. Strich auf, Strich ab, Strich wieder auf, Strich wieder ab. So. Aber

wie sieht das denn aus? Wie das M von der Oma nicht, mehr so wie ein Gekrakel. Das M von der Oma ist glatt und gerade, und seines, das ist so wackelig. Blöd.
Frieder ist sehr unzufrieden. So schwer ist das. Das hätte er nicht gedacht. Vielleicht geht's besser mit dem A. Bestimmt. Das sieht ja superleicht aus. Das kann ja schon ein Baby.
Und Frieder fängt an: Strich schräg auf, Strich schräg wieder ab. Und jetzt noch ein klitzekleiner Strich dazwischen. Aber der klitzekleine Strich, der geht daneben. Der sitzt plötzlich ganz woanders. Der Frieder weiß auch nicht, wie das kommt. Und er probiert es noch mal: klitzekleiner Strich dazwischen. Und da bricht der Bleistift ab.
»Mensch!« Wütend schmeißt der Frieder den Stift in die Ecke und betrachtet sein Gekrakel.
Beim A hätte es beinahe geklappt. Aber bloß beinahe.
Schreiben ist schwer. Schreiben kann er nicht. Mist! Und laut brüllt er: »Mist!«
»Hast du mich gerufen, Bub?«, ruft da die Oma aus der Küche. Und der Frieder plärrt los: »Oma, ich kann und kann nicht schreiben. Und der Bleistift ist auch kaputt. Und im Papier ist ein Loch. Und ... und ... und ...«
»Und du schrei nicht rum, ich bin ja nicht taub!«, antwortet die Oma aus der Küche. »Komm lieber her, ich hab was für dich!«
Frieder horcht auf, wischt die Wuttränen weg und rennt in die Küche.
Da steht die Oma am Küchentisch, und vor ihr liegen drei riesengroße Buchstaben. Ein O. Ein M. Und ein A. Ganz aus Kuchenteig. Das sieht der Frieder mit einem Blick.
»Mensch, Oma!«, staunt er und tippt auf die Buchstaben.

»Richtig!«, sagt die Oma und drückt ihm einen Teigbatzen in die Hand. »Und jetzt machst du das selber. Erst ein O. Aber ein schönes!«

Frieder grinst und knetet und rollt den Teig zu einer langen Wurst. Und dann formt er ein wunderschönes O. Ganz leicht geht das. Superleicht!

Er greift nach einem neuen Teigbatzen und knetet und rollt und formt und kriegt ein richtiges M hin. Genau so, wie's auf dem Papier steht. Das M von der Oma, nicht seins! Und dann das A, das ist überhaupt am allerleichtesten. Zwei lange Teigwürste und dazwischen eine kleine Teigwurst. Und fertig ist das A. Frieder strahlt.

Die Oma auch. Sie schnappt sich auch Teigbatzen und rollt und formt und knetet, und schließlich haben sie ein ganzes Blech voller Kuchenbuchstaben. Lauter Os und Ms und As … zum Essen. Das ist das Schönste.

Gemeinsam schieben Oma und Frieder das Blech mit den Kuchenbuchstaben in den Herd.

Aufgeregt hockt sich der Frieder davor und wartet, dass der Herd die Buchstaben backt.

Er muss ziemlich lange warten.

»Gut Ding will Weile haben«, sagt die Oma und wartet auch. Aber nicht auf dem Boden, sondern auf dem Küchenstuhl.

Endlich sind sie fertig, die Kuchenbuchstaben. Aufgeregt schaut der Frieder zu, wie die Oma das Blech aus dem Herd zieht.

Und siehe da, die Kuchenbuchstaben sind noch schöner geworden. Viel größer sind sie und knusprig braun. Frieder schnappt sich ein Knusper-O und verbrennt sich die Finger. Macht nichts. Weil das Knusper-O so schön ist.

Und dann formt er ein wunderschönes O.

»Jetzt wart halt, Bub Ungeduld«, sagt die Oma und legt vorsichtig alle knusprigen Buchstaben auf den Küchentisch. In der richtigen Reihenfolge. Erst ein O, dann ein M, dann ein A. Und fünfmal hintereinander. Fünfmal OMA. Frieder kann es deutlich lesen. Lesen ist leicht.

Frieder freut sich. Und die Oma auch.

Und dann stehen beide, Oma und Frieder, andächtig vor dem Küchentisch und warten. Weil man frisch gebackene OMAs nicht gleich essen kann. Weil man nämlich sonst Bauchweh kriegt.

Worte ausdenken

»Oma!«, schreit der Frieder und zupft an Omas Rock. »Oma, ich mag mal frech sein!«
»Ja lässt du mich gleich los, Bub!«, zetert die Oma. »Ich muss staubsaugen, stör mich nicht!«
Und sie surrt mit dem Staubsauger über den Wohnzimmerboden.
»Oma!« Frieder lässt nicht locker. »Wenn ich doch aber frech sein mag.«
Er flitzt zur Staubsaugerschnur und zieht sie aus dem Stecker.
»Ja so was!«, schimpft die Oma, den schweigenden Staubsauger in der Hand. »Den Stecker steckst du jetzt gleich wieder rein, sonst setzt's was, haben wir uns verstanden?«
»Bäh, bäh, bäh«, macht der Frieder und wedelt mit der Staubsaugerschnur.
Die steckt er nicht rein, jetzt grad nicht.
Die Oma greift danach und erwischt sie nicht. Frieder ist zu flink.
»Alte Oma«, höhnt er, »krieg mich doch!«
»Na warte«, schnauft die Oma, stellt den Staubsauger hin und zieht an der Schnur. Die hält der Frieder am anderen Ende fest in der Hand, hüpft auf und ab und ruft: »Alte Oma, alte Oma, krieg mich doch, krieg mich doch!«
»Jetzt ist Schluss!«, schreit die Oma wütend. »Her mit der Schnur!« Und sie zieht mit voller Kraft. Frieder hält eisern fest.

»Ich bin stärker, bäh, bäh, bäh!«, jubelt er in den höchsten Tönen. »Alte Oma, schwache Oma, ich bin stärker!«
»Ja bist du denn verrückt?«, schreit die Oma dagegen. »Was ist denn in dich gefahren, Lauser! Gleich lässt du die Schnur los, sonst werde ich andere Saiten aufziehen!«
»Zieh doch«, johlt der Frieder und wedelt mit dem Schnurende der Oma vor der Nase herum.
Aber einen Augenblick lang hat er nicht aufgepasst. Denn mit einem Sprung hat ihm die Oma die Schnur aus der Hand gerissen, den Stecker wieder in die Steckdose gesteckt und – surrrrr – jetzt surrt wieder der Staubsauger und die Oma saugt grimmig den Boden und murmelt: »Wer zuletzt lacht, lacht am besten, dass du's nur weißt!«
Frieder stutzt einen Augenblick, dann zieht er geschwind die Schnur wieder aus der Steckdose.
Der Staubsauger in Omas Hand macht ein letztes, müdes Surrrrr und schweigt.
»Ätsch«, sagt der Frieder und streckt auch noch die Zunge raus.
»So was!« Die Oma steht verblüfft und starrt auf den Frieder mit der rausgestreckten Zunge. »Was ist denn in dich gefahren? Du bist ja heut so frech!«
»Sag ich doch«, motzt der Frieder, »ich will heute mal frech sein, bähhh!« Und gleich dreimal hintereinander lässt er die Zunge aus dem Mund fahren.
»Ja hat dich denn der wilde Watz gebissen?«, wundert sich die Oma, und vor lauter Verblüffung setzt sie sich auf den Staubsauger. »Oder hast du am Ende Fieber?«
Und ängstlich will sie nach Frieders Stirn greifen.
Der weicht der Oma-Hand aus und jubelt los: »Hab kein Fie-

»Alte Oma, alte Oma, krieg mich doch!«

ber, ich bin bloß frech.« Und er baut sich vor der Oma auf und sagt laut und deutlich: »Blöde Oma!«

»Ha!«, schreit die auf und will auf den Frieder losfahren, aber dann tut sie's doch nicht. Sie setzt sich bequemer auf dem Staubsauger zurecht und sagt ganz laut und deutlich: »Rotzlöffel!«

»Doofe Oma!«, grinst der Frieder und hockt sich vor sie hin auf den Boden.

»Das sag noch mal!«, ruft die Oma empört, doch dann grinst sie auch und überlegt und sagt: »Dreckfink, du!«

»Wackeloma!«, ruft der Frieder begeistert und ruckelt auf dem Boden hin und her.

»Schlüssellochgucker!«, sagt die Oma.

»Oma Grünspan!«, sagt der Frieder.

»Bub Taugenichts!«, sagt die Oma.

»Oma Brillenschlange!«, sagt der Frieder.

»Bub Naseweis, Bub Firlefanz, Omastörer!«, ruft die Oma ganz schnell hintereinander und muss nach Luft schnappen.

»Oma Klappergebiss!«, jubelt der Frieder und hopst auf und ab. »Oma Klappergebiss, Oma Klappergebiss!«

Da ist die Oma still.

Eine ganze Weile.

Sie zieht ein Taschentuch aus ihrer Schürzentasche und tupft sich damit die Augen und flüstert: »Du hast ›Oma Klappergebiss‹ zu mir gesagt!«

Der Frieder stutzt.

»Und du hast ›Omastörer‹ zu mir gesagt!«, erwidert er, aber nicht sehr laut.

»›Oma Klappergebiss‹ ist schlimmer«, sagt die Oma, und sie schluchzt richtig ein bisschen dabei.

»Mensch, Oma«, der Frieder steht auf und dann hüpft er der Oma mit einem Sprung auf den Schoß, dass die auf dem Staubsauger ins Wackeln kommt.
»Mensch, Oma«, sagt der Frieder noch mal, und dann: »Heul doch nicht, Oma. Ich hab doch bloß Spaß gemacht.« Und er gibt ihr einen kräftigen Schmatz auf die Backe.
Die Oma seufzt tief auf. »Was zu viel ist, ist zu viel«, sagt sie, schiebt den Frieder vom Schoß, steckt den Stecker wieder in die Steckdose, und der Staubsauger schnurrt weiter.
»Du Frechling«, sagt sie und schiebt mit dem Staubsauger über den Boden.
»Was?«, schreit der Frieder aufgebracht. »Plapperoma!«
»Lieblingszwerg«, lacht die Oma und lässt den Staubsauger schnurren.
»Oma Wieselflink«, ruft der Frieder und hüpft um die Oma herum.
»Schmatzbub«, antwortet die Oma und fährt mit Schwung auf den Frieder zu.
»Lieblingsoma!«, ruft der und springt zur Seite.
»Herzensbub!«, singt die Oma. »Schmeichelkatz!«
Und Frieder grinst und packt den Staubsauger an der anderen Seite, und gemeinsam saugen sie den Boden sauber.
Und gemeinsam denken sie sich die schönsten Liebesworte aus.
»Oma Süß-Schnabel«
»Frieder Zuckerschnut«
»Oma Allerliebst«
»Frieder Herzenstrost«
»Oma Wunderschön«
»Frieder Dreimal-brav«

Bis der Boden blitzsauber ist und der Frieder Hunger kriegt und Oma und Frieder in die Küche marschieren. Hand in Hand. Zum Mittagessen.

»Frieder Zuckerschnut hat mir am besten gefallen«, sagt der Frieder und setzt sich an den Tisch.

»Und mir Lieblingsoma!«, sagt die Oma und setzt sich neben den Frieder.

Ausländisch reden

»Oma!«, schreit der Frieder und zupft an Omas Rock. »Oma, wir wollen mal ausländisch reden. Jetzt gleich!«

»Ja lässt du mich gleich los, Bub!«, zetert die Oma und schält Karotten. »Ausländisch reden! Das fehlt noch! Ich red, wie mir der Schnabel gewachsen ist, und damit Schluss.«

»Schnabel sagt man nicht«, sagt der Frieder, schnappt sich eine Karotte, eine ungeschälte, und wirft sie hoch.

»Ich schon«, sagt die Oma und fängt die Karotte auf und schält sie. »Jetzt geh raus aus der Küche und spiel schön und stör mich nicht. Ich muss kochen. Haben wir uns verstanden?«

Frieder seufzt und Frieder nickt und Frieder geht raus. In sein Zimmer. Wenn die Oma kocht, ist nichts zu machen. Leider. Nie und nimmer redet sie da mit ihm ausländisch. Wo er doch grad solche Lust drauf hat. Mal anders reden, mal ausländisch reden! Und wo er doch gar nicht genau weiß, wie das geht, das Ausländischreden!

Frieder hockt sich in sein Kinderzimmer und nimmt den Teddy vom Bett.

»Teddy«, fragt er, »kannst du Ausländisch?«

Und er schüttelt den Teddy hin und her. Der brummt sein Teddy-Brummen. Wie er es immer macht, wenn er geschüttelt wird.

»Das ist doch nicht Ausländisch. Du bist blöd!«, schimpft der Frieder. »Sag was anderes.« Und schüttelt wieder den Teddy. Der brummt wieder, diesmal ganz lang. Aber mehr auch nicht.

»Du bist keine Hilfe«, seufzt der Frieder und setzt den Teddy wieder auf sein Bett.

Frieder schaut sich im Kinderzimmer um. Wer könnte denn sonst noch mit ihm ausländisch reden?

Der Brummkreisel! Wenn man den dreht, dann tönt was. Frieder nimmt den Kreisel, setzt ihn auf den Boden und zieht ihn tüchtig auf.

Der Kreisel schnurrt ab, dreht sich und lässt Töne hören. Schnurrrsummmmummmmsummmm. Eben seine Brummkreiselmusik.

»Kenn ich doch schon«, murrt der Frieder. »Das ist doch nicht Ausländisch. Das ist höchstens Brummkreiselländisch.« Frieder lässt den Kreisel ausschnurren und kickt ihn dann weg. Unters Bett. Der nutzt ihm auch nichts. Der brummkreiselt ja bloß …

Keiner sagt ihm, wie Ausländisch geht! Aber auch gar keiner! Die Spieluhr auch nicht. Die braucht er gar nicht erst zu fragen. Da weiß er sowieso schon, was kommt. Er zieht am Schnürchen und dann singt sie los: »Wer hat die schönsten Schäfchen, die hat der liebe Mond …« Ein Babylied, und Ausländisch ist das schon gar nicht. Das versteht ja jedes Baby.

Aber Ausländisch, das ist was, was man nicht versteht. Und es tönt so schön. Frieder seufzt. Ausländisch … Nichts fällt ihm ein. Nichts Ausländisches. Bloß Hunger. Abendessenszeit ist. Schon lange.

Frieder reißt die Tür auf und brüllt raus: »Hunger!«

»Rummeldibumm!«, tönt's zurück und Frieder horcht auf. Was war denn das?
Da tönt's schon wieder: »Rummeldibumm!«
Frieder horcht. Das ist doch die Stimme von der Oma, die kennt er doch genau. Was hat sie denn?
»Oma?«, ruft er ängstlich, »Oma, bist du das?«
»Kiki!«, ruft die Oma und Frieder saust in die Küche. Vielleicht ist der Oma schlecht? Sie redet so komisch. So, wie sie noch nie geredet hat.
Die Oma steht in der Küche, der Abendessenstisch ist gedeckt, so wie immer.
»Was hast du denn, Oma?«, fragt der Frieder und schaut ängstlich auf die Oma.
Die hat eine Schüssel in der Hand, setzt sie auf den Tisch und sagt: »Mampfpampf!«, und dann klopft sie auffordernd auf Frieders Stuhl und sagt: »Dadada!« Und schaut den Frieder an. Der schaut zurück. Was ist denn mit der Oma los? Spinnt die jetzt? »Dadada!«, sagt sie wieder, klopft wieder auf den Stuhl und dann setzt sie sich, nimmt eine gehörige Portion Kartoffelbrei auf ihren Teller und von den Karotten auch und fängt gemütlich an zu essen.
»Mampfpampf ebbelle Bluuusi!«, sagt sie und streicht sich zufrieden über den Bauch, und zum Frieder hin sagt sie: »Dadada!« und schaut auf den Stuhl.
Frieder steht und starrt. So kennt er ja die Oma gar nicht. So war sie noch nie! Ist sie krank? Im Hals oder so? Aber sie sieht ganz gesund aus, sie isst und grinst … und plötzlich begreift der Frieder. Die Oma redet ausländisch! Mit ihm!
Mit einem Hops sitzt er auf seinem Stuhl, greift nach dem Kartoffelbrei und grinst die Oma an: »Mampfdampf?«

Die Oma grinst zurück, schüttelt den Kopf und sagt: »Mampfpampf! Maaaaampfpaampf!«
Und Frieder sagt nach: »Mampfpampf!«
»Kiki!«, lacht die Oma und nickt und »Bluuuusi!« sagt sie, und Frieder sagt: »Bluuuusi«, und beginnt zu essen.
Kartoffelbrei, das mag er gerne. Und Karotten auch.
»Kinkelbrinkel?«, fragt er und zeigt auf die Karotten.
»Kiki!«, lacht die Oma, und »Bluuuusi« lacht der Frieder.
»Schnodderfratziklatzibumm«, sagt die Oma und nimmt sich zum zweiten Mal vom Kartoffelbrei.
»Taktaktak«, sagt der Frieder und runzelt die Stirn und zieht die Kartoffelbreischüssel zu sich her.
»Ha?«, macht die Oma, und Frieder wackelt mit seinem Zeigefinger und sagt: »Taktaktak! Ele ibibib!«
»Kiki!«, sagt die Oma. »Ulebumm ibibib!« Und greift nach der Kartoffelbreischüssel und schöpft sich auf.
Frieder kichert, und dann stopft er Karotten in seinen Kartoffelbreiberg und dann stopft er alles, dicker Bissen auf dicken Bissen, in seinen Mund.
Die Oma stopft auch.
»Bluuuusi!«, stöhnt sie und grinst zum Frieder rüber.
»Bluuuusi!«, grinst der zurück, und das ganze Abendessen lang reden Frieder und Oma ausländisch.
Einer schöner als der andere. Bis die Oma müde wird und sagt: »Jetzt bin ich müd, Bub!«
Da springt ihr der Frieder auf den Schoß, gibt ihr einen Schmatz und wispert ihr ins Ohr: »Liebe Omalalamamalala!«
»Schon recht«, seufzt die Oma und räumt den Tisch ab. »Herzensbubele!«
»Und morgen reden wir wieder ausländisch, ja, Oma?«, ruft

»Schnodderfratziklatzibumm«, sagt die Oma.

der Frieder und stellt die Kartoffelbreischüssel in den Ausguss.
»Wenn ich's dann noch kann!«, sagt die Oma und trägt die Karottenschüssel hinterher.

Gespenster

»Oma!«, schreit der Frieder und zupft an Omas Rock. »Oma, ich mag noch nicht schlafen. Erzähl mir was, was Grusliges!«

»Ja lässt du mich gleich los, Bub!«, zetert die Oma. »Der Tag war lang genug, jetzt ist Ruh. Augen zu und Schluss. Ich will jetzt keinen Mucks mehr hören!«

»Aber Oma«, jammert der Frieder und hopst in seinem Bett auf und ab, »wenn ich doch noch nicht müde bin!« Und er bettelt: »Oma, was Grusliges! Ich hab Gespenster doch so gerne!«

»Und ich hab schlafende Kinder so gerne«, sagt die Oma, deckt den Frieder fest zu, gibt ihm einen Schmatz auf die Backe und geht raus, und an der Tür, da sagt sie noch: »Bub Herzensschatz, jetzt schlaf auch schön und gute Nacht, und morgen ist auch noch ein Tag.«

Dann ist sie draußen und Frieder liegt im dämmrigen Zimmer und ärgert sich. Schlafen! Wenn er doch überhaupt noch nicht müde ist. Kein bisschen. Seine Augen sind noch ganz wach. Immer schlafen! Wo er sich doch viel lieber gruseln möchte! So wie auf der Geisterbahn auf dem Rummelplatz. Da ist es auch dämmrig und dann scheppert es unheimlich und dann klappern Gerippe und es gespenstern Gespenster und von überallher macht es »Huhuhh«, und es wird einem so schön eiskalt und schwummerig. Aber man muss sich nicht in echt fürchten, weil's doch keine echten Gespenster

gibt. Bloß ausgedachte. Und solche, die nachgemacht sind und aussehen wie echt.
»Wenn jetzt hier in meinem Zimmer ein echtes Gespenst wär«, denkt der Frieder, »dann täte ich das einfach niederboxen. Faust in den Gespensterbauch und Schluss. Oder aber, ich ziehe mir die Tischdecke über den Kopf, die aus der Küche, und dann bin ich das kleine Gespenst und erschrecke das große Gespenst. Ich trete ihm auf die Füße und heule dabei ganz laut. Das kann ich gut!«
Und er probiert es auch gleich aus: »Huhuhuh!«
Nein, das war zu leise, das muss viel lauter sein: »Huhuuuuhuuuhuu!«
»Bub«, schreit die Oma aus dem Wohnzimmer, »ist dir was geschehen?«
»Nein, Oma«, ruft der Frieder zurück, »ich übe bloß. Weil ich doch das kleine Gespenst bin!«
»Und ich bin gleich das große Gespenst und hau dir den Popo voll!«, kreischt die Oma. »Geschlafen wird, und zwar sofort. Nix will ich hören!«
»Kinder haut man nicht«, murmelt der Frieder und krabbelt unter die Bettdecke. »Ich muss doch üben. Wenn ein Gespenst kommt, muss ich doch gespenstern können.«
Unter der Bettdecke, leise für sich, damit's die Oma nicht hört, übt er: »Huhuhuhuhuhuhu!« Und noch mal: »Huhuhuhuhuhuhuhu!« Es geht schon ganz gut. Es klingt richtig schaurig dumpf, und Frieder freut sich und Frieder übt.
Doch plötzlich hört er auf, mitten im schönsten »Huhuhuhuh!«. Er hat was gehört. Da ist ein Geräusch. Da knarrt eine Tür. Ganz leise. Und da … da macht was »Huhuhuhu« … ganz leise. Jetzt lauter »Huhuhuhu« … jetzt noch lauter

Und da ... da macht was »Huhuhuhu« ...
ganz leise.

»Huhuhuhu«, jetzt jault es ganz hoch, »Huhuhuhiiiiii«! Vor Schreck bleibt der Frieder starr unter der Bettdecke liegen. Ein Gespenst! Es ist ein Gespenst gekommen, in echt! Dem Frieder wird's eiskalt und er fängt an zu zittern.

Das Gespenst jault weiter, ganz nah an seinem Bett, Frieder kann es deutlich hören!

Was soll er denn jetzt machen? Niederboxen? Er traut sich nicht!

Selber gespenstern und das Gespenst erschrecken?

Aber er hat ja die Tischdecke nicht hier, die liegt ja in der Küche auf dem Küchentisch, und ohne Tischdecke kann er nicht gespenstern, das ist doch klar.

Die Oma rufen!

Aber unter der Bettdecke kann sie ihn ja nicht hören, und wenn er den Kopf rausstreckt, dann überfällt ihn das Gespenst und beißt oder tut sonst fürchterliche Dinge, da ist der Frieder ganz sicher.

Am besten, er macht gar nichts. Er bleibt einfach unter der Bettdecke, dann denkt das Gespenst, er schläft, und dann geht es weg. Hoffentlich! Frieder kneift die Augen fest zu, zittert und horcht und wartet ... er hört nichts mehr.

Frieder zieht die Bettdecke noch ein bisschen fester über sich und wartet noch länger und horcht ... er hört wirklich nichts mehr. Das Gespenst ist weg, oder?

Vorsichtig, ganz vorsichtig zieht er die Bettdecke von seinem Gesicht und schaut, auch ganz vorsichtig, mit einem Auge raus ...

Da steht die Oma vor seinem Bett und murmelt vor sich hin: »Na ja, der Bub schläft! Gott sei Dank!«

Mit einem Ruck reißt der Frieder die Bettdecke zurück,

schnauft tief durch und flüstert: »Mensch, Oma! Hier war ein Gespenst!«
»Ja da schau her«, sagt die Oma und sie grinst, das kann der Frieder deutlich sehen, auch wenn's im Zimmer so dämmrig ist.
Er setzt sich auf in seinem Bett und flüstert: »Bestimmt, Oma, ich hab's genau gehört!«
»Na so was«, sagt die Oma und grinst immer noch. »Ich denk, du hast Gespenster so gerne!«
Und sie bückt sich und hebt vom Boden ein großes Leintuch auf und wedelt damit dem Frieder vor der Nase, und dazu jault sie in den höchsten Tönen: »Huhuhuhuhuiiii!«
Da begreift der Frieder endlich.
Und vorwurfsvoll sagt er: »Mensch, Oma, hast du mich aber erschreckt! Kinder darf man nicht erschrecken! Na warte!«
Mit einem Hops ist er aus dem Bett, saust in die Küche, packt die Tischdecke, zieht sie vom Tisch, zieht sie über seinen Kopf und stürzt mit einem lauten »Huhuhuhu, ich bin das kleine Gespenst!« ins Kinderzimmer.
Die Oma kreischt auf und fährt zurück, das kleine Gespenst ihr nach, und da packt sie das Leintuch, zieht es über und jault und kreischt, noch lauter und unheimlicher als vorhin.
Aber Frieder ist auch nicht schlecht. Er gespenstert in wilden Sätzen auf sie los, die Oma gespenstert dagegen, und so gespenstern sie eine ganze Weile in den schaurigsten Tönen. Bis sich der Oma das Leintuch um die Füße wickelt und sie, platsch, auf Frieders Bett fällt. Da ist das kleine Gespenst mit einem Sprung auf ihr drauf und das große Gespenst ist bezwungen. Dann muss der Frieder schlafen. Weil's spät ist und die Oma keine Luft mehr kriegt.

»Aber morgen gespenstern wir wieder, ja, Oma?«, fragt der Frieder, als er endlich im Bett liegt, die Bettdecke fest um sich herum gestopft.
Die Oma wischt sich die Stirn und schnauft und gibt ihm noch einen Schmatz auf die Backe und sagt: »Mal sehen! Eine alte Frau ist doch kein D-Zug. Vielleicht les ich dir doch lieber was vor. Was Grusliges!«
Und Frieder nickt und strahlt und schläft dann endlich ein.

Die Ernte

»Oma!«, schreit der Frieder und zupft an Omas Rock. »Oma, mach doch schneller, ich will ernten!«

»Ja lässt du mich gleich los, Bub!«, zetert die Oma. Sie kniet am Boden, im Garten, bohrt Löcher in die Erde und setzt, schön langsam und eins nach dem anderen, Salatpflänzchen in die Löcher, schaufelt Erde drumherum und klopft, schön langsam, die Erde fest.

»Oma!« Ungeduldig hopst der Frieder vor ihr auf und ab. »Oma, sag, wann wächst das denn? Ich will ernten!«

»Gut Ding will Weile haben«, sagt die Oma und setzt das fünfte Pflänzchen ein. »Erst wird gepflanzt, dann wird geerntet, so ist das.« Liebevoll schaut sie auf die Pflänzchen und bös schaut sie auf den Frieder und sagt: »Lausebengel, jetzt hüpf nicht dauernd hier herum, mir wird ja schwindelig im Hirn!«

Sie nimmt ein neues Pflänzchen, das sechste, und setzt es ein.

»Oma!« Frieder lässt nicht locker. »Oma, wenn du fertig bist, ernten wir dann?«

»In drei, vier Wochen, so Gott will«, sagt die Oma und klopft die Erde fest. »Wirst schon noch warten müssen, Bub Ungeduld.«

Der Frieder guckt enttäuscht. Drei, vier Wochen! Das dauert ja ewig.

Auf Salat ist er zwar nicht so scharf, aber ernten möchte er, jetzt gleich. Ernten ist lustig.

»Wo ich doch so gerne ernten möchte, Oma«, seufzt er. »Ernten ist so lustig.«

Aber die Oma hört nicht mehr hin. Die Oma pflanzt. Frieder zuckt die Schultern und beschließt: So lange wartet er auf keinen Fall. Das ist ja langweilig. Geht er halt spazieren. Durch den Garten. Der ist nicht groß und ziemlich neu.

Der ist genau eine Woche neu, für Oma und Frieder. »Ein Garten ist schön und gesund und nützlich«, hat die Oma gesagt. »Da gibt's viel frisches Gemüse und Obst. Das ist billiger und viel besser als das gekaufte Zeug im Supermarkt.«

Und seitdem sind sie jeden Tag im Garten, und die Oma pflanzt und die Oma sät und die Oma gräbt um und die Oma gießt, und Frieder schaut zu und langweilt sich. Schön findet er den Garten nicht. Da wächst ja noch nichts. Nichts zumindest, was man ernten kann. Dürre Sträucher stehen herum. Da werden mal Beeren dran hängen, hat die Oma gesagt. Stachelbeeren. Aber sosehr der Frieder auch schaut, er entdeckt keine einzige. Und der Apfelbaum, der hat zwar viele Blätter, aber keinen Apfel, nicht mal einen kleinen. Und die Beete, das ist bloß braune Erde, auch wenn die Oma behauptet, da seien jetzt Samen drin und dann wachsen mal Pflanzen raus, Karotten, Radieschen und Blumenkohl, und der Frieder darf nicht drauftreten. Auf die Erde von den Beeten. Wegen der Samen, die man nicht sehen kann. Und wenn man sie dann sehen kann, als kleine Pflanzen, dann dauert das auch noch ewig, bis es ein Gemüse ist. Und überhaupt, dem Frieder dauert das alles zu lange. Gemüse kaufen im Supermarkt, das geht viel schneller.

Frieder seufzt und setzt sich in die hinterste Ecke vom Garten, da, wo überhaupt nichts ist. Bloß krümelige Erde ohne Samen drin.
Ihm ist langweilig und so fängt er an, Löcher in die Erde zu bohren, wie die Oma. Aber weil er nichts hineinzupflanzen hat, spuckt er in die Löcher. »Vielleicht wächst dann ein Spuckebaum«, denkt er. Aber glauben tut er's nicht, weil's so was ja gar nicht gibt. Frieder legt den Kopf auf die Knie. Heiß ist es und der Frieder döst ein.
»Bub, wo steckst du denn, Brotzeit gibt's«, ruft die Oma, und Frieder fährt hoch. Er hat doch wahrhaftig geschlafen. So was. Und geträumt. Von einem himmelhohen Spuckebaum … so was.
Frieder reibt sich den Schlaf aus den Augen, steht auf und will lostrotten, da bleibt er wie festgenagelt stehen. Neben ihm, grad da, wo er gesessen hat, wächst eine Banane aus dem Boden! Krumm und gelb und nicht zu übersehen!
Träumt er etwa immer noch? Frieder schaut genauer hin. Es ist wirklich eine Banane, und als er vorsichtig hinfasst, da fasst sie sich auch an wie eine Banane. Krumm und gelb und glatt, und sie wächst geradewegs aus dem Boden heraus.
Frieder staunt. Das hat er noch nie gesehen. Das muss er der Oma zeigen, aber schnell. Er rennt los … und bleibt wieder stehen. Diesmal am Strauch, an dem, wo noch immer keine Stachelbeeren wachsen wollen. Dafür aber hängen jetzt Würstchen herab! Dem Strauch sind Würstchen gewachsen! Vier Stück! Dem Frieder bleibt der Mund offen stehen. Er sieht nämlich noch was. Der Apfelbaum! Er hat zwar keine Äpfel, dafür aber Apfelsaft! In einer Flasche, und die hängt am untersten Ast! Und da, da drüben, an der Hecke, da hängen

Gummibärchen, mindestens zwanzig Stück, fein aufgespießt an Heckenästchen.

Frieder hat einen knallroten Kopf vor Aufregung.

»Oma!«, schreit er, so laut er kann. »Oma, komm schnell und schau!«

Da ist die Oma auch schon da, und sie staunt. »Ja da schau her, ja so was!«

Und sie lacht übers ganze Gesicht und schwenkt ein Senfglas in der Hand und jammert: »Der Senf hat nicht wachsen wollen. Glas gedeiht so schlecht im Garten, schad, gell?« Und dabei lacht sie wieder übers ganze Gesicht.

Da muss der Frieder auch lachen! Er greift nach Omas Hand und lacht: »Mensch, Oma!«

»So schnell wächst's aber nicht jeden Tag, dass du's nur weißt«, grinst die Oma. Sie packt Frieders Hand fester und gemeinsam gehen sie ernten, alles, was so schnell gewachsen ist … nur die Gummibärchen, die darf der Frieder alleine ernten, und vorsichtig pickt er eins nach dem anderen von der Hecke und isst sie alle auf.

Sehnsüchtig denkt er: »Von mir aus könnten hier immer Gummibärchen wachsen, jeden Tag!«

»Oma!«, schreit er, so laut er kann.
»Oma, komm schnell und schau!«

Mickymaus

»Oma!«, schreit der Frieder und zupft an Omas Rock. »Oma, ich mag ein neues Hemd haben. Mit einer Mickymaus drauf!«
»Ja lässt du mich gleich los, Bub!«, zetert die Oma und bindet sich die Schürze ab. »Du hast so nette Hemden. Rot und blau und grün. Ist das nix?«
»Die sind so langweilig«, mault der Frieder, »da ist ja nix drauf.«
»Bloß Dreck, du Dreckspatz«, sagt die Oma, greift nach ihrer Tasche, der schwarzen, und ihrem Geldbeutel, dem braunen, und ihrem Hut, dem grauen. Denn ohne Hut geht die Oma nicht aus. Nie.
»Ich geh jetzt einkaufen«, sagt sie. »Und du bist brav, ja? Ich will nix hören!« Und damit marschiert sie zur Tür hinaus.
Frieder geht in sein Kinderzimmer. Und da holt er alle seine Hemden aus dem Kinderzimmerschrank, legt sie auf den Boden und schaut sie lange an. Rot, blau und grün. Langweilig. Bloß halt rot, blau und grün und nichts sonst. Frieder seufzt auf. Wo doch Hemden mit was drauf viel lustiger sind. Das weiß doch jeder.
Und plötzlich hat er eine Idee! Wenn nichts drauf ist, kann man ja was draufmalen. Er kann was draufmalen. Eine Mickymaus. Prima Idee. Und er weiß auch schon, wie.
Mit Wasserfarben.
Wasserfarben hat er genug.

Frieder holt den Farbkasten her, die dicken Pinsel und ein Glas Wasser, setzt sich auf den Boden und fängt an. Mit dem blauen Hemd. Nur, wie eine Mickymaus genau aussieht, das weiß er nicht. Frieder denkt lange nach. Lustig sieht sie aus, das weiß er. Und runde große Ohren hat sie und dicke gelbe Schuhe, das weiß er auch.
»Ich fange mit den Schuhen an«, denkt der Frieder und taucht den Pinsel ein, rührt im gelben Farbnapf einen dicken Brei und malt zwei dicke gelbe Kleckse auf das blaue Hemd. Mittendrauf.
So. Und jetzt? Jetzt müssen die Beine gemalt werden.
Frieder wählt Rot. Rot hat er gerne. Er malt zwei lange rote Striche an die gelben Kleckse dran, und weil er grad dabei ist, malt er noch einen superdicken roten Klecks. Das soll der Bauch sein. Das geht gut.
Aber der Kopf ist schwarz, beschließt der Frieder. Er mischt und rührt im Wasserglas herum, das Farbspülwasser ist schon ganz grau und der Pinsel ist eigentlich viel zu dünn. Die anderen auch. Frieder nimmt einfach die Finger und malt, und der Schweiß steht ihm auf der Stirn.
Eigentlich, so richtig wie eine Mickymaus sieht das aber nicht aus, das, was er da aufs blaue Hemd geschmiert hat. Na, egal, vielleicht geht es auf dem roten Hemd besser.
Frieder fängt wieder mit den dicken gelben Schuhen an. Diesmal macht er es gleich mit den Fingern, und weil er's so eilig hat, verläuft die Farbe, und die gelben Schuhe der Mickymaus sind bloß noch ein dicker wässriger Fleck. Schuhe malen muss er noch üben. Und so lässt er das rote Hemd erst mal liegen und beginnt mit dem grünen. Da geht's viel besser. Frieder freut sich.

Es wäre auch weiter sehr gut gegangen, wenn ihm nicht aus Versehen das Wasserglas umgekippt wäre. Das schmutziggraue Farbspülwasser ergießt sich auf alle Hemden, und sofort verlaufen die Farben, und jetzt sieht alles überhaupt nicht mehr schön aus. Und wie Mickymäuse schon gar nicht. Mensch!
Da steht die Oma in der Tür und schon kreischt sie los: »Ja Bub, ja was machst du denn da?«
»Ich mal Mickymäuse, Oma«, sagt der Frieder, und er schaut traurig zur Oma hoch. »Vorher war's schöner!«
»Ha!«, schreit sie auf und schlägt die Hände über dem Kopf zusammen und starrt auf die nassen, schmutzigen Hemden. Dann packt sie die Hemden mit der einen Hand und den Frieder mit der anderen und schleppt alles, Hemden und Frieder, ins Badezimmer.
»So ein Schmutzbub, so ein lausiger«, jammert sie dabei, und Frieder schluckt und schluckt, und dann fängt er an zu heulen.
»Ich hab doch bloß was Schönes malen wollen«, schluchzt er los und drückt seinen Kopf an Omas Bauch.
»Ich bin zwar eine alte Frau, aber blind bin ich nicht«, sagt die Oma und wirft mit Schwung die Hemden in die Badewanne. »Ruiniert der doch seine schönen Hemden. Ja so was!« Und sie lässt einen dicken Wasserstrahl auf die Hemden in der Badewanne prasseln.
»Nur gut, dass ich ein neues Hemd mitgebracht hab, nur gut!«, sagt die Oma und dann kommandiert sie: »Arme hoch!« Und sie zieht dem Frieder den Pullover über den Kopf. Der hat nämlich auch Farbe abgekriegt, und nicht zu knapp.

»Es war ein Sonderangebot«, sagt die Oma.

Frieder heult und hält die Arme hoch und die Augen zu, und die Oma streift ihm ein frisches Hemd über. Dann sagt sie: »Und jetzt komm in die Küche, Dreckfink. Abendessen!« Sie geht in die Küche.

Der Frieder schleicht hinterher. Aber als er am Spiegel im Flur vorbeikommt, da bleibt er stehen. Wie angenagelt. Und er schaut mit großen Augen. Was hat er denn da an? Was ist das denn für ein Hemd, das ihm die Oma da angezogen hat?

Ein weißes ist es … mit einer Mickymaus drauf. Riesengroß! Vom Bauch bis zum Hals eine Mickymaus mit dicken gelben Schuhen und einem roten Höschen und großen runden Ohren. Wie in echt.

Frieder schluckt und Frieder strahlt.

»Mensch, Oma!«, jubelt er los und saust in die Küche, wo die Oma am Küchenherd gerade ihre Schürze umbindet.

»Oma!«, ruft der Frieder. »Oma, jetzt hab ich ja doch eine Mickymaus!«

»Ich auch«, sagt die Oma und dreht sich zu ihm um und lacht übers ganze Gesicht, und Frieder sieht mit einem Blick … auf Omas Schürze ist auch eine Mickymaus. Riesengroß, von Omas Busen bis zu Omas Bauch.

»Es war ein Sonderangebot«, sagt die Oma und zwinkert dem Frieder zu. »Und jetzt komm essen, Schmierfratz du.«

Und dann sitzen Oma und Frieder beim Abendessen, Nudeln gibt's, und sie bestaunen gegenseitig ihre Mickymäuse.

Und dann hilft der Frieder der Oma im Badezimmer. Sie waschen gemeinsam das rote und das blaue und das grüne Hemd sauber. Die werden wirklich wieder wie neu: mindestens beinahe!

Katzenwäsche

»Oma!«, schreit der Frieder und zupft an Omas Rock. »Oma, ich wasch mich heute nicht, ätsch!«
»Ja lässt du mich gleich los, Bub!«, zetert die Oma. Sie steht in der Küche und wäscht das Geschirr.
»Und komm mir nicht mit so was«, sagt sie und droht mit der Spülbürste. »Am Abend wäscht sich der Mensch, dass du's nur weißt, und damit Schluss!«
»Ich bin doch gar nicht dreckig«, mault der Frieder und hält der Oma seine Hände hin. Die sind schwarz, besonders am Daumen.
»Ich bin zwar eine alte Frau, aber blind bin ich nicht«, sagt die Oma und patscht die Spülbürste wieder ins Spülbecken. »Und jetzt marsch, ab ins Badezimmer. Und keine Katzenwäsche, wenn ich bitten darf!«
»So ein bisschen Dreck«, murmelt der Frieder und zieht ab in Richtung Badezimmer. Wo er doch überhaupt keine Lust hat, sich zu waschen, aber auch schon gar nicht. Immer waschen. Morgens und abends. Das ist zu viel. Aber an der Badezimmertür, da fällt ihm was ein und er dreht sich um und ruft in Richtung Küche: »Oma, was ist denn eine Katzenwäsche?«
»Etwas, das du nicht machen sollst«, ruft die Oma zurück, und Frieder horcht auf. Das klingt nicht schlecht.
Er saust wieder in die Küche und baut sich neben der spülbürsteschwingenden Oma auf.

»Sag's mir halt, Oma«, bettelt er. »Liebe Oma!«

»Na ja«, sagt die Oma und bürstet eine Pfanne, »eine Katzenwäsche, das ist halt das, was die Katze macht, wenn sie sich wäscht. Sie putzt sich halt. Und lecken tut sie sich.« Und die Oma scheppert kräftig mit dem Geschirr.

»Mit was leckt die denn?«, erkundigt sich der Frieder.

»Dummer Bub«, sagt die Oma. »Mit der Katzenzunge halt. Mit was denn sonst.« Und sie fängt an, die Teller abzutrocknen. »Bist du noch nicht im Badezimmer, Lauser?«

»Nee«, schreit der Frieder vergnügt und ist schon halb aus der Küche draußen. »Ich brauch heut nicht, ich mach's wie die Katze!«

Und ehe die Oma was sagen kann, ist er in seinem Kinderzimmer und haut die Tür fest zu. Ganz schnell schiebt er seinen Kinderstuhl, Lehne rückwärts, vor die Tür und klemmt ihn unter der Türklinke fest. So! Jetzt kann die Oma nicht rein.

Sie steht draußen und rüttelt an der Klinke.

»Bub«, kreischt sie, »Bub, ja bist du denn vom wilden Watz gebissen? Gleich machst du auf!«

»Nee«, ruft der Frieder zurück und kichert. »Ich wasch mich doch jetzt!« Er horcht nach draußen.

Die Oma murmelt was, und dann ist sie still und geht weg. Frieder grinst. Geschafft! Er zieht sich splitternackt aus und fängt an mit der Katzenwäsche. Dazu hockt er sich erst mal auf den Boden und miaut ganz laut und ganz ausführlich. Dann leckt er über seinen linken Arm. Von oben nach unten. Als seine Zunge zu der Hand kommt, da schmeckt das gar nicht gut. Das schmeckt so nach Dreck …

Frieder probiert's beim rechten Atm. Wieder von oben nach

»Nee«, ruft der Frieder. »Ich wasch mich doch jetzt!«

unten. Es schmeckt nicht besser, die Hand lässt er lieber aus. Ob es den Katzen auch so schlecht schmeckt?

Vielleicht sind die nicht so dreckig … oder aber, es macht ihnen nichts aus. Frieder beschließt, es macht ihm auch nichts aus, und er nimmt sich die Beine vor. Schleckt vom Oberschenkel bis zum Knie. Rechtes Bein, linkes Bein.

Die Füße schleckt er vorsichtshalber nicht, da riecht er nämlich schon den Dreck, da braucht er ihn gar nicht erst zu schmecken.

Und den Rücken lässt er auch aus. Da kommt er nämlich nicht ran, sosehr er sich auch dreht und reckt.

»Meine Zunge ist zu kurz«, denkt er und versucht es am Bauch. Das geht auch nicht gut, das geht eigentlich überhaupt nicht.

Frieder hört auf, sitzt nackig auf dem Kinderzimmerboden und denkt nach.

Die Katzen müssen längere Zungen haben, oder aber, sie machen's anders. Aber wie?

Und da fällt's ihm auch schon ein.

Frieder stößt ein kräftiges »Miau« aus, ballt seine Hände zu Pfoten und spuckt so viel Spucke drauf, wie er nur hat. Und mit den bespuckten Handpfoten reibt er sich übers Gesicht, rubbelt die Nasenspitze und rubbelt sogar den Hals. So geht das, na also. Und Frieder beschließt, jetzt reicht's. Er macht noch ein letztes, schönes, langes, lautes »Miau«, steht auf, schlüpft in seinen Schlafanzug, zieht den Kinderstuhl von der Türklinke weg, hüpft in sein Bett und ruft: »Oma! Kannst kommen. Zum Gutenachtsagen. Ich bin sauber!«

Nichts rührt sich. Frieder ruft noch einmal. Und noch einmal. Nichts. Die Oma antwortet nicht und die Oma kommt auch nicht. Wo ist sie denn? Frieder steigt aus dem Bett und rennt raus. In die Küche. Keine Oma. Ins Wohnzimmer. Keine Oma.

»Oma«, ruft er, und langsam kriegt er Angst. »Oma!«

Keine Oma antwortet, aber er hört was … es plätschert was … es plätschert im Badezimmer. Frieder saust ins Badezimmer … und da kniet die Oma vor der vollgefüllten Badewanne und es duftet gut, nach Zitrone, sein Lieblingsschaumbad, und die Oma dreht den Kopf nicht zu ihm her. Sie lässt Schiffchen durch Schaumberge schwimmen, und Frieder sieht mit einem Blick, da ist ein neues dabei. Ein Segelboot. Mit einem grün gestreiften Segel! Das hat er sich schon lange gewünscht!

»Mensch, Oma!«, schreit der Frieder los, und er zieht wie der Blitz seinen Schlafanzug aus und ist mit einem Hops in der Badewanne. Mitten im Zitronenschaum. Und vor ihm schaukelt das neue Segelboot. Mit dem grün gestreiften Segel.

»Schmutzbub«, sagt die Oma und macht mit den Händen gewaltige Wellen, dass das Segelboot auf Frieders Bauch zuschießt. »Ein Bub ist keine Katze, das merk dir!«

»Na ja«, sagt der Frieder und grinst und taucht unter und taucht wieder auf und greift nach dem Segelboot und gibt der Oma einen Schaumschmatz auf die Backe. Und dann spielen Oma und Frieder »Schiff auf großer Fahrt« und »Unterseeboot«, und dann lassen Oma und Frieder alle Schiffchen wettschwimmen. Und es gewinnt … das neue Segelboot. Das mit dem grün gestreiften Segel.

Brav sein

»Oma!«, schreit der Frieder und zupft an Omas Rock. »Oma, wann gibt's denn endlich was zum Essen? Ich hab Hunger!«
»Ja lässt du mich gleich los, Bub!«, zetert die Oma. »Und überhaupt, wie sprichst denn du mit mir? So spricht kein braves Kind, dass du's nur weißt!« Heftig rührt sie im Kochtopf herum. Grießbrei gibt's und er ist noch nicht fertig.
»Bäh, bäh, bäh! Hunger, Hunger, Hunger!«, plärrt der Frieder vergnügt und springt um die Oma herum und trommelt mit den Fäusten auf den Küchentisch.
»Dir geb ich gleich!«, schreit die Oma und kriegt einen roten Kopf. »Ja bist du gleich still, das Haus stürzt ja ein!«
»Bäh, bäh, bäh, gar nicht, gar nicht, gar nicht!«, plärrt der Frieder weiter und trommelt weiter auf den Küchentisch, dass es nur so donnert.
Da packt ihn die Oma und schiebt ihn aus der Küche und schiebt ihn in sein Kinderzimmer.
»Da bleibst jetzt«, sagt sie und schaut bös, »bis du wieder brav bist! Und keinen Mucks, haben wir uns verstanden? Nix will ich hören!«
Und damit macht sie die Tür fest hinter sich zu und geht wieder in die Küche.
Frieder steht im Kinderzimmer und ärgert sich. Immer brav sein. Nie darf man brüllen, aber auch gar nie. Brüllen und schlimm sein ist viel schöner!

Bähh, doof! Doofe Oma! Zornig trampelt der Frieder auf den Boden, aber nicht so laut, damit's die Oma nicht hört. Aber wenn sie's nicht hört, dann nutzt es ja auch gar nichts. Frieder hört auf und überlegt.
Schlimm sein macht bloß Spaß, wenn's jemand sieht und hört und merkt und sich dann ärgert.
Frieder seufzt auf, und plötzlich hat er eine Idee. Na gut, wenn er nicht schlimm sein darf, dann ist er eben brav! Und wie! Die Oma wird sich wundern!
Die wird schon sehen, was sie davon hat!
Frieder grinst in sich hinein, rennt raus und vor der Küchentür schnauft er tief auf und dann klopft er ganz zart und vorsichtig an.
Er ruft mit einem sehr lieben, sehr hohen, sehr dünnen Stimmchen: »Guten Tag, liebe Oma, darf ich bitte sehr reinkommen? Vielen herzlichen Dank auch!«
Und damit macht er sich selber die Tür auf und geht auf Zehenspitzen zur Oma.
Die steht am Tisch und hat die Grießbreischüssel und den Himbeersoßenkrug in der Hand.
»Ohhhh, was für ein wunderschönleckeres Breichen«, flötet der Frieder mit spitzem Mündchen und patscht dreimal in die Hände, aber ganz zart, ganz leise, ganz vornehm. »Darf ich bitte sehr und danke schön ein winzigkleinleckeres bisschen davon kriegen, oh, vielen Dank auch!« Und er macht eine tiefe Verbeugung vor der Oma, beinahe bis zum Boden.
Die steht und schaut und reißt die Augen dabei auf, und dann sagt sie: »Ja bist du denn verrückt?«
Aber da ist der Frieder schon auf Zehenspitzen zum Ausguss getrippelt, und dort wäscht er sich lange und ausführlich die

Hände und den Hals dazu und lispelt dabei mit zartem Stimmchen: »Ohhh, du schmutzfinkiger Frieder, du. Wirst du dich wohl waschen, du! So ist es fein. So ist es brav!«
Und dann setzt er sich an den Tisch, steckengerade, faltet die Hände, klappert mit den Augendeckeln und blinzelt zur Oma hoch.
»Dich hat der wilde Watz gebissen«, sagt die Oma fassungslos, setzt die Grießbreischüssel und den Himbeersoßenkrug auf den Tisch und sich auf den Stuhl. »Hast du etwa Fieber, Bub?«, fragt sie ängstlich und langt an Frieders Stirn.
»Nein, vielen Dank«, antwortet der Frieder, und sein Stimmchen wird noch dünner und er piepst in den höchsten Tönen: »Ich bin bloß brav. Guten Appetit.«
»Ja so was«, staunt die Oma, und dann fangen beide an zu essen. Das heißt, die Oma isst. Frieder speist.
Er schiebt winzigkleine Grießbreibissen mit Messer und Gabel in den Mund. Auf die Himbeersoße verzichtet er. Weil man die nicht mit Messer und Gabel essen kann. Beim Grießbrei ist es sowieso schon schwierig genug … und dabei flötet er andauernd ein »Bittesehr« und »Dankesehr« und »Allerliebste Oma« hier und »Allerliebste Oma« da.
Bis es der Oma zu viel wird.
»Ja Himmeldonnerwetter!«, schreit sie und schmeißt ihren Löffel hin. »Schluss! Ich bin doch nicht im Affenhaus! Gleich benimmst du dich wieder, wie es sich gehört!«
Strafend blickt der Frieder die Oma an, wackelt empört mit dem Kopf, macht »tz, tz, tz« und zeigt auf den Löffel, den die Oma hingeschmissen hat.
Grießbrei tropft davon runter. Auf den Tisch. Auf die Tischdecke!

»Dann mag ich jetzt mal essen wie ein Schwein!«

»Ja Himmeldonnerwetter noch einmal!«, schreit die Oma auf und wischt am Tischtuch herum. »Das kommt davon! Du bist schuld! Weil du so ein lausriger Brävling bist!« Vorwurfsvoll schaut sie auf den Frieder und auf den Fleck im Tischtuch.

Frieder grinst und dann springt er auf, geht zur Oma und wispert ihr ins rechte Ohr: »Na gut, dann bin ich halt nicht mehr brav, ja?« Er drückt der Oma einen Schmatz auf die Backe und wispert ihr ins linke Ohr: »Dann bin ich jetzt ein bisschen schlimm, darf ich?«

Die Oma seufzt tief auf: »Na schön, wenn's sein muss! Hauptsache, du bist wieder gesund. Das war ja krankhaft, wie du dich benommen hast. Das war ja nicht normal!«

Frieder strahlt und kichert und verkündet laut: »Dann mag ich jetzt mal essen wie ein Schwein!« Und schon fährt er mit den Fingern in den Grießbrei, dass er nach allen Seiten spritzt, stopft ihn sich in den Mund, und den Himbeersaft schlabbert er gleich mit der Zunge aus dem Krug.

»Ha!«, kreischt die Oma auf. »Musst du dich so aufführen?«

Der Frieder nickt eifrig und hat einen roten Himbeersoßenfleck auf seinem Hemd. »Sonst werde ich doch wieder brav, Oma, pass auf!«, sagt er und strahlt die Oma an.

»Bloß das nicht«, seufzt die Oma, »dann lieber das!« Und sie grinst und fängt an, mit den Fingern die Rosinen aus dem Grießbrei zu picken.

Das ganze Abendessen lang führen sich Oma und Frieder auf, wie sich wahrscheinlich Schweine nicht aufführen. Die essen nämlich viel manierlicher als Oma und Frieder an diesem Abend.

Zirkus

»Oma!«, schreit der Frieder und zupft an Omas Rock. »Oma, mach schneller! Der Zirkus fängt ja gleich an. Wir wollen doch in den Zirkus gehen!«
»Ja lässt du mich gleich los, Bub!«, zetert die Oma und greift nach ihrer Handtasche, der schwarzen, und ihrem Geldbeutel, dem braunen, und ihrem Hut, dem grauen. Denn ohne Hut geht die Oma nicht aus. Nie.
»Und du benimmst dich, wie es sich gehört, sonst gehn wir gar nicht, haben wir uns verstanden?«, sagt sie und nimmt den Frieder an die Hand. »Eine alte Frau ist doch kein D-Zug!« Aber dann geht sie doch sehr schnell und Frieder geht noch schneller. Weil er sich so auf den Zirkus freut.
Die Oma freut sich auch. Genau wie der Frieder.
Und endlich sind sie da.
Zirkus ist toll. Immer. Frieder und Oma sitzen sogar in der ersten Reihe, ganz nahe an der Manege. »Weil, sonst seh ich ja nix!«, sagt die Oma, und dem Frieder ist das recht. Sehr sogar. Jetzt kann er nicht nur alles ganz genau sehen, er kann auch alles ganz genau riechen und hören. Die Tiere und den Manegenstaub und die Kapelle. Die spielt laut und schön und beinahe andauernd.
Und ein Eis kriegt er auch. Das hat die Oma ihm versprochen. Eis gehört zum Zirkus, hat sie gemeint, und auch das ist dem Frieder recht.
Endlich gehen die Lichter im Zelt aus und in der Manege an

und toll wird's. Alles. Frieder hat rote Backen und strahlt. Bei den Clowns muss er so lachen, dass er einen Schluckauf kriegt, und die Oma lacht so sehr, dass ihr der graue Hut auf den Schoß fällt.

Bei den Luftakrobaten staunt er und die Oma macht »Huch«, wenn sie in der Luft Purzelbäume schlagen.

Und als die Tiger kommen, greift der Frieder nach Omas Hand. Sicher ist sicher. Wo sich doch die Oma vor wilden Tieren so fürchtet ...

Und in den Pausen, da spielt die Kapelle und dann kommt wieder eine neue Nummer, und die ist noch besser und spannender als die letzte, und Zirkus ist wunderschön. Rundum. Das findet die Oma auch.

»Pass auf, Bub«, wispert sie, »gleich kommt der Zauberer!« Auf den hat sich die Oma nämlich am meisten gefreut. Zaubern, das hat sie gerne.

»Wo bloß der Eismann bleibt«, murmelt sie und rückt auf ihrem Sessel und schaut sich um. »Wo doch gleich der Zauberer kommt!«

Da spielt die Kapelle einen heftigen Tusch und der Zauberer kommt mit wehendem rotem Mantel in die Manege gelaufen, verbeugt sich und fängt an zu zaubern.

Dem Frieder bleibt der Mund offen stehen!

Was der alles kann!

Der Zauberer verbeugt sich tief und zieht seinen Zylinder, und echte, lebendige Hasen hüpfen über seine Schulter. So was!

Er greift in die Hosentasche und zieht einen riesigen bunten Blumenstrauß hervor, aber auch gleich einen ganz riesigen.

Und dann steckt er eine Frau im Badeanzug, die er sich mit-

gebracht hat, in einen Kasten und … Frieder hält die Luft an … fängt an zu sägen. Mit einer echten Säge.
Er sägt die Frau im Kasten mittendurch! Und die tut keinen Mucks. Die Kapelle spielt wieder einen heftigen Tusch, und da steigt die Frau wieder aus dem zersägten Kasten raus. Heil und unzersägt! Frieder staunt!
»Ha, da ist er ja, der Eismann«, sagt da die Oma neben ihm, und sie steht auf und winkt mit beiden Armen. »Heda, heda, her zu mir!«
Aber nicht der Eismann kommt, sondern der Zauberer. Zur Oma. Mit einem Sprung ist er bei ihr, fasst sie an der Hand und zieht die verblüffte Oma in die Manege und lächelt und verbeugt sich. Und Frieder sitzt alleine da.
Was will denn der Zauberer mit seiner Oma?
Frieder hält den Atem an. Er will schreien, aber er kriegt keinen Ton raus. Wenn nun der Zauberer seine Oma zersägt?
»Oma!«, schreit der Frieder, ganz laut, und ihm wird heiß und kalt.
Die Oma steht in der Manege und reißt die Augen auf, und ehe sie was sagen kann, klatscht ihr der Zauberer seinen Zylinder auf den Kopf und zieht ihn wieder weg. Und auf Omas Kopf sitzt eine weiße Taube. In echt und ganz lebendig.
Sie flattert hoch und die Oma kreischt und fährt sich in die Haare und das Publikum lacht und klatscht und der Zauberer verbeugt sich und schüttelt der Oma die Hand. Da hat sie eine Rose in der Hand. Eine echte! Sie strahlt und winkt zum Frieder hin und ruft: »Bub, Frieder, her zu mir!«
Blitzgeschwind steigt der Frieder über die Brüstung und flitzt zur Oma hin und stellt sich neben sie und fasst ihre Hand. Sicher ist sicher.

Wenn nun der Zauberer seine Oma zersägt?

»Nicht sägen!«, sagt er zum Zauberer, und er sagt es ganz laut und macht eine tiefe Verbeugung. Der Zauberer lacht und das Publikum lacht auch, und die Kapelle spielt einen Tusch und die Oma wird ganz rot. Sie hält die Rose vors Gesicht und strahlt und nickt selig nach allen Seiten. Und dann gehen sie wieder auf ihre Plätze, die Oma und der Frieder. Gerade will sich der Frieder erleichtert setzen, da springt der Zauberer auf ihn zu, greift in Frieders Hosentasche und zieht einen knallgelben, riesigen Lutschbonbon hervor. Der war vorher nicht drin, in der Hosentasche. Das weiß der Frieder ganz genau.
Verblüfft starrt der Frieder auf den Lutschbonbon und auf den Zauberer. Der lacht wieder und winkt und springt zurück in die Manege. Den Lutschbonbon hat er nicht mitgenommen. Vorsichtig leckt er Frieder dran: Es ist ein echter und er schmeckt herrlich. Frieder grinst und schleckt und die Oma riecht an ihrer Rose, und beide, Oma und Frieder, haben glänzende Augen. Zirkus ist herrlich, keine Frage. Aber am herrlichsten ist der Zauberer, da sind sie sich einig, Oma und Frieder.
Der Eismann ist dann doch noch gekommen, aber da hat die Oma nicht mehr gewollt.
»Zu spät«, hat sie gemeint und mit der Rose gewinkt, und Frieder hat genickt und immer noch am knallgelben Lutschbonbon geschleckt, weil das wirklich ein riesengroßer Lutschbonbon ist. Zauber-haft groß und zauber-haft lecker. Da kann so ein ganz normales Eis gar nicht mit, aber auch schon überhaupt nicht.

Paket

»Oma!«, schreit der Frieder und zupft an Omas Rock. »Oma, magst du mal ein Paket kriegen?«

»Ja lässt du mich gleich los, Bub!«, zetert die Oma. »Mögen schon, aber ich krieg ja keins.« Sie kniet vor dem Küchenherd und zieht das Kuchenblech heraus. Die Oma backt einen Kuchen, einen mit Rosinen drin, und er ist gleich fertig.

»Aber wenn du ein Paket kriegen tätest, dann tätest du dich freuen, gell, Oma?« Frieder lässt nicht locker und zupft wieder an Omas Rock. »Pakete kriegen ist nämlich schön! Ich krieg auch nie eins.«

»An Weihnachten schon«, sagt die Oma. »Du wirst es wohl noch abwarten können, Bub Ungeduld!«

»Kriegst du an Weihnachten auch ein Paket, Oma?«, will der Frieder wissen. Aber die Oma hört nicht mehr hin, sie sagt nur noch: »Bub Sabbelschnut« und schickt den Frieder aus der Küche. Kuchentopfgucker kann sie nicht brauchen. Der Herd ist heiß.

Frieder geht in sein Kinderzimmer und langweilt sich. Die Oma hat keine Zeit für ihn. Die Oma backt. Und wenn sie backt, dann ist er im Weg. Die Teigschüssel hat er längst schon ausgeschleckt. Was soll er denn jetzt noch machen? Und plötzlich hat er eine Idee. Er packt ein Paket! Und das schickt er der Oma. Jetzt gleich. Dann freut sie sich. Wo sie doch auch so gerne Pakete kriegt. Tolle Idee. Und gleich fängt er an.

Zum Paketpacken braucht er erst mal einen Pappkarton, das ist klar. Er hat aber keinen.

»Oma!« Frieder reißt die Kinderzimmertür auf und brüllt raus. »Oma, bring mir einen Pappkarton, aber schnell!«

»Ja bin ich denn dein Diener?«, schreit die Oma zurück. »Ich backe, das weißt du doch!«

»Alles muss man selber machen«, seufzt der Frieder, haut die Kinderzimmertür wieder zu und schaut sich um.

Da ist ja ein Pappkarton. Sogar ein riesengroßer. Legosteine sind drin und alle Bauklötze. Prima. Mit Schwung kippt der Frieder alles raus. So, jetzt hat er einen feinen Karton. Aber jetzt muss wieder was rein, sonst ist es doch kein Paket. In Paketen ist was drin. Eine Überraschung. Aber was kann er denn reinpacken? Was kann er denn der Oma schicken?

Vielleicht ein Rennauto. Davon hat er sowieso viele, da kann er leicht eins der Oma schicken.

Aber eigentlich sieht das blöd aus, so ein winzigkleines Rennauto in so einem riesengroßen Pappkarton.

Was Großes muss da rein, was Großes, über das sich die Oma auch freut. Aber was? Frieder steht vorm Pappkarton und überlegt und überlegt.

Und dann hat er die Idee! Die Idee ist so toll, dass er auf und ab hüpfen und laut »Juchhu« schreien muss.

»Frieder«, ruft die Oma aus der Küche, »spielst du auch schön?«

»Klar, Oma«, ruft der Frieder zurück und kichert leise. Wenn sie wüsste …

»Ich bin zwar eine alte Frau, aber taub bin ich nicht«, ruft die Oma, »spiel leiser, haben wir uns verstanden?«

»Klar, Oma«, ruft der Frieder wieder zurück und kichert lauter und sagt nur noch leise dreimal »Juchhu!«.
Er packt sich nämlich selber in den Pappkarton! Er ist groß, und über ihn freut sich die Oma bestimmt mehr als über ein Rennauto.
Und dann verschickt er sich. Toll. Das gibt eine Überraschung für die Oma!
Frieder stülpt also probehalber den Karton über sich drüber, das geht prima, bloß die Beine schauen noch raus. Aber wenn er sich hinhockt, dann sind auch die Beine verschwunden und dann sieht er aus wie ein richtiges Paket. Aber auf ein richtiges Paket gehört eine richtige Anschrift. Weil sonst die Oma ja nicht weiß, dass es für sie ist. Also holt Frieder seine Filzstifte, und weil er noch nicht schreiben kann, malt er Omas, fünf Stück. Oben auf den Deckel drauf. Das muss reichen. Auch wenn die Omas so ausschauen wie aufeinandergeklebte Ostereier. Macht nichts. Frieder grinst, und dann nimmt er ganz leise den Pappkarton, schlüpft raus auf den Flur und zur Wohnungstür raus. Die macht er leise zu.
Dann reckt er sich und klingelt, duckt sich wieder, stülpt den Pappkarton über sich drüber und bleibt mucksmäuschenstill hocken. Er wartet.
Frieder muss nicht lange warten. Schon hört er die Oma. Sie macht die Tür auf und sagt verwundert: »Ja, was ist denn jetzt das?«
»Ein Paket, Oma, für dich«, murmelt der Frieder unter seiner Kartonhaube hervor und seine Stimme klingt dumpf. »Hol mich rein!«
»Ja so was«, staunt die Oma, »wo doch noch gar nicht Weihnachten ist!«

Sie hebt den Karton hoch und Frieders Beine hängen raus, und sie ächzt und stöhnt: »Schwer ist das!« und schleppt das Friederpaket in die Küche. Dort setzt sie es ab.
Sofort verkriecht sich der Frieder wieder und bleibt still hocken.
»Auspacken«, murmelt er nach einer Weile und wartet.
»Ach was«, sagt die Oma und hantiert schon wieder am Herd. »Ist doch noch nicht Weihnachten. Erst an Weihnachten wird ausgepackt!« Und sie klappert mächtig am Herd herum.
Frieder horcht auf. Erst an Weihnachten will die Oma auspacken? Das dauert ja ewig! Da muss er ja noch viele Tage in dem Pappkarton hocken. Ihm wird ganz heiß.
»Oma«, fleht er dumpf hervor, »mach's lieber jetzt!«
»Nix da«, sagt die Oma, »erst an Weihnachten, und dabei bleibt's.« Aber dann murmelt sie laut vor sich hin: »Neugierig bin ich aber doch!«
Sie tastet am Karton herum, rüttelt ihn, klopft drauf, und Frieder kichert und wartet … und dann hebt sie endlich den Karton hoch und schreit erfreut auf: »Ja so was, der Bub ist ja drin!«
Frieder steht auf, heiß ist ihm und zerstrubbelt ist er auch, und er grinst die Oma an: »Da staunst du, gell?«
»Es geht«, sagt die Oma und fährt dem Frieder durchs Strubbelhaar. »Hab mir ja beinah schon so was gedacht!« Und sie gibt dem Frieder einen Schmatz auf die Backe, und dann zeigt sie auf den Tisch. »Ich glaub, heut ist ein richtiger Paket-Tag!«
Und wirklich, da steht ein Paket, ein kleines, in einem Karton und fest verschnürt.
»Für mich?«, fragt der Frieder und wird ganz aufgeregt. Die Oma nickt und Frieder stürzt sich auf das Paket und reißt

»Ja so was,
wo doch noch gar nicht Weihnachten ist!«

an der Schnur und rupft am Papier. Auspacken ist das Allerschönste.
Als das Paket endlich auf ist, da liegt ein Kuchen drin. Der, den die Oma vorhin gebacken hat.
»Mensch, Oma!«, lacht der Frieder.
Und die Oma sagt stolz: »Da staunst du, gell?«
»Es geht«, grinst der Frieder. »Hab mir beinahe schon so was gedacht!«
Und dann sitzen Oma und Frieder am Küchentisch, essen Kuchen mit Rosinen drin und reden über ihre Pakete. Über die, die sie heute bekommen haben.
Und dann haben beide Bauchweh. Weil der Kuchen noch so frisch war.

Omas Geburtstag

»Oma!«, schreit der Frieder und zupft an Omas Rock. »Oma, wach auf! Du hast doch jetzt Geburtstag!«

»Ja lässt du mich gleich los, Bub!«, zetert die Oma und dreht sich im Bett auf die andere Seite. »Weißt du denn, wie spät es ist? Grad fünf Uhr in der Früh! Da hat kein Mensch Geburtstag.« Sie macht die Augen wieder zu, zieht die Bettdecke über die Ohren und schnarcht los.

Frieder steht enttäuscht da. Die Oma schläft! Einfach so! Wo sie aber doch Geburtstag hat. Geburtstage muss man feiern. Das hat sie ja selber gesagt. Gestern. Und jetzt liegt sie da und schnarcht. An ihrem Geburtstag! So was!

Frieder seufzt tief auf und schleicht leise wieder in sein Zimmer. Da setzt er sich aufs Bett. Er kann nicht mehr schlafen, er nicht. Aber die Oma … Blöd! Frieder muss wieder seufzen … und dann hat er eine prima Idee. Er muss einfach was machen, damit die Oma aufwacht und feiert. Krach muss er machen, davon wacht die Oma immer auf. Aber dann ärgert sie sich auch. Am Geburtstag darf sie sich aber nicht ärgern … Frieder überlegt. Und es fällt ihm ein: Singen muss er, schön laut. Singen ist kein Krach.

Er singt ein Geburtstagslied. Ein Oma-Geburtstagslied. Da wird sie sich aber freuen.

Frieder denkt nach, Frieder denkt lange nach … und dann hat er's. Es geht ganz einfach. Es geht sogar superleicht. Frieder hüpft auf dem Bett auf und ab. Es ist ihm nämlich noch was eingefallen. Noch eine Geburtstagsüberraschung. Eine schöne. Beinahe so schön wie das Lied ist sie oder aber noch schöner. Frieder kichert vor sich hin. Leise, leise schlüpft er in die Küche, und nach einer Weile schlüpft er leise, leise wieder aus der Küche. Er saust in Omas Zimmer, reißt der Oma die Bettdecke weg und schreit: »Oma, jetzt ist aber endlich Geburtstag! Steh auf, schnell! Du darfst dir was wünschen!«

»Dann wünsch ich mir noch zwei Stunden Schlaf«, stöhnt die Oma und reibt sich die Augen. »Dann feiern wir, ja, Bub?«

»Nein, jetzt!«, brüllt der Frieder. »Jetzt will ich feiern. Weil ich doch Überraschungen hab. Für dich!« Er zieht das Kissen unter Omas Kopf weg. »Ich hab dir doch ein Lied gemacht, Oma«, schreit er in Omas Ohr, »ein Oma-Geburtstagslied!«

Und schon legt er los, so laut er kann. Mit dem Oma-Geburtstagslied. Es klingt wie »Alle meine Entchen, schwimmen auf dem See«, bloß anders. Frieder hält in der einen Hand Omas Bettdecke und in der anderen Omas Kopfkissen und singt in den höchsten Tönen: »Alle meine Omas, schwimmen im Kaffee, schwimmen im Kaffee, weil sie haben Geburtstag, und das tut nicht weh!«

Weil das so schön klingt, singt er gleich noch einmal und noch einmal, und die Oma sitzt steil im Bett und hält sich die Ohren zu. Mit einem Satz springt der Frieder auf sie drauf, knallt ihr einen Schmatz auf die Backe und ruft: »Ich gratulier auch schön! Soll ich noch mal singen?«

»Später«, murmelt die Oma matt und tastet nach ihrer Bettdecke.

»Dann musst du jetzt aufstehen«, sagt der Frieder, lässt Bett-

Und schon legt er los, so laut er kann.

decke und Kopfkissen auf den Boden fallen und zieht an der Oma. »Ich hab doch noch eine Überraschung für dich!«
»Noch eine«, murmelt die Oma, gähnt und seufzt und steigt aus dem Bett und tappt im Nachthemd hinter dem Frieder her. In die Küche.
Da bleibt sie stehen und reibt sich die Augen.
»Da staunst du aber, gell?«, ruft der Frieder und strahlt.
Die Oma staunt wirklich.
Der Frieder hat den Frühstückstisch gedeckt. Alles steht da, ganz ordentlich, auf dem Tisch. Müsli, Knäckebrot, Honig, Marmelade, Teller, Tassen, Löffel, Messer. Sogar Omas Kaffeekanne steht da. Aber Kaffee ist noch keiner drin.
»Ja, Bub«, staunt die Oma, und ihre Stimme klingt ganz gerührt. »Ja, Bub, das hast du alles alleine gemacht?«
»Ja klar«, jubelt der Frieder los. »Das kann ich schon lange. Bloß den Kaffee musst du selber kochen. Weil ich doch nicht zündeln darf.«
»Ja so«, nickt die Oma, »das ist brav.« Sie tappt zum Herd und Frieder rennt hinterher und zupft die Oma am Nachthemd.
»Du, Oma, ich hab noch eine Überraschung! Ich bin heute dein Diener! Den ganzen Geburtstag lang. Du brauchst bloß rufen und dann bring ich dir alles. Freust du dich?«, fragt er und macht eine tiefe Verbeugung. Beinahe bis zum Boden.
»Und wie«, grinst die Oma und setzt den Wasserkessel auf. »Einen Diener habe ich mir schon immer gewünscht. Ich dank auch schön!«
Frieder strahlt und verbeugt sich noch mal tief, und dann sitzen Oma und Frieder um halb sechs in der Früh da und frühstücken.
Diener Frieder rührt der Oma den Kaffee um.

Diener Frieder füttert die Oma mit Müsli.

Diener Frieder streicht der Oma Honig aufs Knäckebrot. Und weil sie heute Oma-Geburtstagskind ist, kleckst er auch noch Marmelade drauf. Und nur ganz wenig geht daneben.

Oma-Geburtstagskind strahlt und kaut und gähnt und gibt dem Diener Frieder einen klebrigen Honig-Marmeladen-Schmatz.

Und dann darf Oma-Geburtstagskind noch mal zwei Stunden schlafen. Weil sie sich das ja gewünscht hat. Diener Frieder deckt sie gut zu, hockt sich mucksmäuschenstill vor ihr Bett und bewacht den Oma-Geburtstagsschlaf.

Nur ab und zu singt er leise, aber wirklich leise, das Oma-Geburtstagslied.

Nach einer Weile singt die Oma mit, auch ganz leise, und dann schläft sie wieder ein bisschen und dann singt sie wieder ein bisschen. Und dann steht sie endlich auf.

Diener Frieder reißt die Tür weit auf und im Badezimmer drückt er ihr eine extragroße Portion Zahnpasta auf die Zahnbürste. Während sich die Oma wäscht und gurgelt, stellt ihr Diener Frieder die Hausschlappen vor die Badezimmertür und holt auch noch ihre Schürze aus der Küche.

Dann kommt die Oma und dann frühstücken sie noch einmal von vorne. Weil jetzt richtige Frühstückszeit ist. Und dazu singen sie gemeinsam das Oma-Geburtstagslied. Beinahe zweistimmig.

»So einen Geburtstag könnte ich immer brauchen«, sagt die Oma und gießt dem Frieder Milch ein.

Frieder trinkt und Frieder gähnt. Und dann schläft Diener Frieder auf dem Küchenstuhl ein bisschen ein. Weil der Oma-Geburtstag so früh angefangen hat.

*Und wieder
schreit der Frieder: »Oma!«*

GUDRUN MEBS

UND WIEDER CHREIT DER FRIEDER: OMA!

Eine Freude

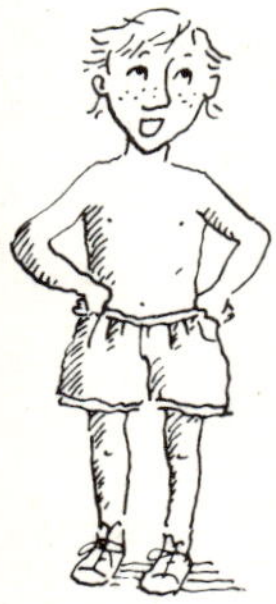

»Oma!«, schreit der Frieder und zupft an Omas Rock. »Oma, ich mag dir mal eine Freude machen, jetzt gleich!«
»Ja lässt du mich gleich los, Rotzbub!«, zetert die Oma und schwenkt die Gießkanne. »Stör mich nicht, du siehst doch, dass ich schaff.«
Die Oma steht im Garten und gießt ihr Blumenbeet. Die Tulpen, die Osterglocken und die Narzissen. Die Oma liebt die Blumen sehr, das weiß der Frieder. Unermüdlich zupft sie Unkraut, unermüdlich gießt sie. Und Frieder steht daneben und langweilt sich.
»Oma!«, schreit der Frieder und hüpft um die Oma herum. »Ich mag dir doch aber mal eine Freude machen, Oma!«
»Am meisten Freude machst du mir, wenn du mich schaffen lässt«, sagt die Oma und begießt ganz vorsichtig, ganz sorgsam drei rote Tulpen.
Das ärgert den Frieder. Sie sieht bloß die Tulpen! Ihn sieht sie nicht.
»Oma«, schreit er und stellt sich der Oma in den Weg. »Du, Oma, hast du die Blumen lieber als mich?«
»So ein Blödsinn«, sagt die Oma, schiebt den Frieder aus dem Weg, hebt die Gießkanne und gießt. Unermüdlich.
Frieder seufzt tief auf. Und probiert es noch einmal. »Oma«, jammert er, »Oma, jetzt sag doch endlich, was für eine Freude soll ich dir denn machen?«
»Aus dem Weg gehen und lieb sein«, sagt die Oma, »oder sitzt

du jetzt auf deinen Ohren?« Und sie schwenkt die Gießkanne, dass drei Tropfen auf den Frieder fallen. Oder vier.
»Mensch, Oma!«, plärrt der Frieder los und reibt empört seinen Kopf.
Die Oma hat ihn angegossen! So was! Er ist doch keine Tulpe!
»Das kommt davon«, sagt die Oma ungerührt. »Wer nicht hören will, wird nass!«
Da verzieht sich der Frieder lieber. In die hinterste Gartenecke. Da hockt er sich hin und motzt. Da will er nun der Oma eine Freude machen, eine große. Und dann begießt sie ihn einfach! Wütend reibt Frieder am Kopf herum. Der ist schon trocken. Oder war nie nass. Frieder seufzt tief auf und beschließt, er macht der Oma trotzdem eine Freude. Da hat er jetzt grad Lust drauf. Bloß, was für eine Freude denn? Aus dem Weg gehen und lieb sein, hat die Oma gesagt. Aus dem Weg ist er doch sowieso, die Oma hat ihn ja weggeschoben. Lieb ist er auch sowieso. Lieb ist er immer. Das ist doch keine Freude. Eine Freude ist eine Überraschung. Er muss was tun, was die Oma ganz schrecklich überrascht und dann freut. Und schon fällt ihm was ein. Eine ganz tolle freudige Überraschung. Da wird die Oma aber staunen!
Frieder schaut zur Oma rüber. Die steht an der Regentonne. Die Regentonne ist weit weg. Weit weg vom Blumenbeet. Frieder grinst und rennt los. Blitzgeschwind zum Blumenbeet. Und da fängt er an Blumen zu pflücken. Blitzgeschwind. Tulpen, Osterglocken und Narzissen. Er macht jetzt einen Riesenblumenstrauß. Für die Oma. Blumen hat sie doch so gerne! Und Frieder rupft drauflos. Rupfen geht am schnellsten … Der Strauß wird riesengroß, Frieder kann ihn kaum halten. »Ein Riesenfreudenblumenstrauß«, denkt er und

schaut zur Oma rüber … Die steht noch immer und schöpft Wasser, aber jetzt, jetzt kommt sie … ein Glück, der Strauß ist fertig. Alle Blumen sind gepflückt, alle. Das Beet ist ratzekahl … Frieder hebt den Riesenblumenfreudenstrauß mit beiden Armen hoch und ruft der Oma entgegen: »Oma, schau, ich hab hier eine Freude! Für dich!«
Mit einem lauten »Ha!« lässt die Oma die Gießkanne fallen, die volle. Sie reibt sich die Augen und steht und starrt …
»Da staunst du aber, gell, Oma?«, schreit der Frieder und rennt der Oma entgegen. Den Strauß, den großen, fest an sich gepresst.
»Nein!«, ächzt die Oma.
»Doch!«, jubelt der Frieder. »Die sind alle für dich. Freust du dich?« Er drückt der Oma den Riesenstrauß in die Arme und hüpft aufgeregt um sie herum. Die Oma steht, den Strauß an ihren Busen gedrückt, und reißt die Augen weit auf, starrt auf den Strauß, starrt auf das Beet, das ratzekahle … Da wird dem Frieder plötzlich klar: Die Oma freut sich nicht. Kein bisschen. Das kann er deutlich sehen.
Da stöhnt die Oma auch schon auf und zetert los: »Ja, bist du denn vom wilden Watz gebissen? Rupft der doch alle Blumen ab! Und grad das Beet hab ich jetzt gießen wollen!«
Frieder schluckt. »Das brauchst du jetzt nicht mehr, Oma«, sagt er leise.
Und da zetert die Oma erst richtig los: »Ich bin zwar eine alte Frau, aber blind bin ich nicht! Lausriger Blumenrupfer, lausriger! Was hast du dir denn dabei gedacht? Das möcht ich doch mal wissen.« Grimmig schaut sie auf die Blumen und grimmig schaut sie auf den Frieder. Der schluckt und schaut auf den Boden und schnieft und flüstert leise: »Wir pflanzen

»Ja bist du denn vom wilden Watz gebissen?«

sie wieder ein, ja, Oma?« – »Ha!«, schreit die Oma auf und schüttelt empört den Blumenstrauß. Da merkt der Frieder schon selber: abgerissen ist abgerissen. Die Blumen wachsen nicht mehr an. »Wir pflanzen neue, ja, Oma?«, schluckt er und drei Tränen laufen aus seiner Nase raus.

»Im nächsten Jahr«, sagt die Oma grimmig und Frieder lässt den Kopf tief hängen. Nächstes Jahr ist weit. Das dauert ja ewig. Und bis dahin ist Omas Blumenbeet ratzekahl leer. Da blüht nichts mehr …

Frieder heult laut auf, stürzt zur Oma, drückt sein Gesicht an ihre Schürze und schluchzt laut: »Ich hab dir doch bloß eine Freude machen wollen, Oma!« Und er heult der Oma die Schürze nass.

»Das ging daneben«, sagt die Oma und seufzt tief. »Was geschehen ist, ist geschehen.« Sie nimmt den heulenden Frieder an die Hand und marschiert mit ihm zur Regentonne. Da stellt sie den Strauß mitten hinein.

»Da schau«, sagt sie, »die Regentonne ist geschmückt. Die hat jetzt eine Freude. Und du, putz dir die Nas'.«

Frieder schnieft und putzt. Und Frieder schaut und staunt. Die Regentonne sieht schön aus. Wie eine Riesenblumenvase. Mit so viel Blumen drin. Rote und gelbe und weiße. Die nicken über ihren Rand. Schön sieht das aus!

Sie stehen eine ganze Weile, die Oma und der Frieder, und beschauen die Regentonne, die geschmückte. Bis es dem Frieder langweilig wird. »Oma«, sagt er und zupft die Oma am Rock, »du, Oma, ich mach dir nie mehr eine Freude, ja? Ich geh jetzt spielen und lieb sein.«

»Hoffentlich«, sagt die Oma und grinst und gibt ihm einen Schmatz auf die Backe. Und einen Klaps auf den Po.

Regen

»Oma!«, schreit der Frieder und zupft an Omas Rock. »Oma, wann gehn wir denn endlich heim? Ich will fernsehen!«
»Ja lässt du mich gleich los, Rotzbub!«, zetert die Oma und harkt das Laub zu einem hohen Haufen zusammen. »Du siehst doch, dass ich schaff! Und außerdem, im Garten ist's viel schöner, und gesünder ist es auch, dass du's nur weißt!«
»Fernsehen ist auch schön«, murrt der Frieder und kickt in Omas Laubhaufen. In den, den die Oma schon so schön hoch zusammengeharkt hat.
»Rotzlöffel!«, schreit die Oma. »Das lässt du aber!« Und sie droht mit dem Rechen.
Frieder lässt es und fragt wieder: »Oma, gehn wir dann bald? Es ist doch schon Abend!«
»Abend ist es noch lange nicht«, sagt die Oma. »Wir gehn, wenn's regnet, und damit Schluss.«
Und sie holt weit aus mit dem Rechen und harkt und recht das Laub zusammen. Häufelt es am Apfelbaum. Und harkt und recht wieder und ist sehr beschäftigt.
Frieder seufzt tief auf. Er schaut zum Himmel. Grau ist der, von vorne bis hinten, aber regnen tut's nicht. Keinen Tropfen. Und dabei fängt sicher gleich das Kinderprogramm im Fernsehen an. Das, was er so gern sehen möchte.
Aber die Oma will nicht, das hat er schon gemerkt. Die ist lieber im Garten und wurschtelt herum.

Er ist ja auch ganz gerne im Garten. Aber grad jetzt nicht, wo doch gleich das Kinderprogramm anfängt … Frieder seufzt tief auf. Wenn's doch bloß regnen täte! Dann würde die Oma mit ihm nach Hause gehen. Ziemlich schnell. Weil Nasswerden so ungesund ist.
Und Frieder seufzt ein drittes Mal. Er steht unterm Apfelbaum neben der Regentonne und seufzt und überlegt. Regnen müsste es. Und zwar sofort. Regnen …
Und da hat er die Idee! Wenn es nicht von selber regnen will, dann macht er eben Regen. Er selber! Und er weiß auch schon, wie!
Frieder schaut zur Oma rüber. Die harkt am Weg unten, häufelt Laub und harkt es zum Apfelbaum hin und schaut nicht auf.
Schnell rennt der Frieder los und holt sein Sandspieleimerchen. Mit dem spielt er schon lange nicht mehr, ist doch Babykram, aber jetzt, für seinen Plan, kann er es gut gebrauchen.
Er taucht es in die Regentonne, bis es voll zum Überschwappen ist, und schaut zum Apfelbaum hoch. Da muss er nämlich rauf. Mit dem vollen Eimerchen. Das schafft er leicht. Auf den Apfelbaum ist er schon oft gestiegen. Der ist ja nicht hoch. Den schafft er auch mit einem Eimerchen voller Wasser.
Frieder steigt mit einem Fuß auf den dicken Knorpel am Stamm, zieht sich mit einer Hand an einem Ast hoch, steigt weiter, fasst weiter, und beinahe kein Wasser kippt aus dem Eimer raus. Frieder freut sich. Und dann hat er es geschafft! Er sitzt auf seinem Lieblingsast, hoch über der Oma, die da unten recht und harkt, hält das Eimerchen fest an seinen

Bauch gedrückt. Taucht eine Hand in den Eimer und spritzt ein paar Tropfen auf die Oma, die gerade mit einem Armvoll Laub zum Apfelbaum kommt.

Getroffen! Die Oma schüttelt den Kopf, wischt sich übers Haar, murmelt was und geht wieder weg. Hochgeschaut, zum Frieder hoch, hat sie nicht.

Also, das war zu wenig Regen, ganz klar. Da muss mehr Regen her, weil's sonst die Oma gar nicht merkt.

Wieder spritzt der Frieder, diesmal mit beiden Händen, das Eimerchen klemmt er zwischen die Knie.

Wieder schüttelt die Oma den Kopf, wischt sich übers Haar, murmelt was und geht wieder weg. Sie schaut nicht hoch, sie hört nicht auf zu arbeiten.

»Ich muss es richtig regnen lassen«, denkt der Frieder, »da muss ein richtiger Schutt runter«, und er kichert und dann wartet er, bis die Oma genau unter ihm steht, und dann kippt er mit einem Schwapp das ganze Eimerchen auf die Oma drauf!

»Ha!«, kreischt die, lässt den Rechen fallen und schaut nach oben. Und jetzt muss der Frieder laut lachen.

Ganze Wasserbäche laufen der Oma übers Gesicht und über ihren Busen auch. Und ihre Schürze ist klatschnass!

»Oma, ich bin der Regen!«, ruft der Frieder fröhlich runter und schwenkt den leeren Eimer. Und da kreischt die Oma los: »Ja spinnst du jetzt? Ja bist du denn vom wilden Watz gebissen? Platscht der doch seine Oma nass, na warte!«

Sie greift nach dem Ast und hebt ihren Fuß auf den Stammknorpel und ächzt und zieht sich hoch, und Frieder erschrickt. Die Oma will ihn holen. Sie steigt ihm nach. Und dann gibt's Ärger, ganz klar.

»Oma, ich bin der Regen!«

Schnell rutscht er nach vorne, dorthin, wo der Ast dünner wird und dünner. Er rutscht noch weiter. Und da tut's einen Knacks und der Ast bricht ab und Frieder fällt runter. In die volle Regentonne. Mitten hinein!

»Ha!«, kreischt die Oma auf, lässt den Ast los, den abgebrochenen, und ist mit einem Sprung bei der Regentonne und zieht einen patschnassen, triefenden, spuckenden Frieder heraus.

»Kind, Bub!«, jammert sie. »Ist dir was geschehen?«

»Nee, Oma«, japst der Frieder und wischt sich Wasser aus den Haaren und wischt sich Wasser aus den Augen und spuckt Wasser und in seinen Ohren gluckert es noch. Heil ist er schon, aber er ist nass, viel nasser noch als die Oma. Und kalt ist ihm, er zittert und klappert.

»Ich hab's doch bloß regnen lassen wollen, Oma«, schnieft er, und schon wieder kommt Wasser aus seinen Augen, aber diesmal sind es Tränen.

»Regen macht der liebe Gott, nicht du, dass du's nur weißt«, sagt die Oma. Und sie nimmt den Frieder an die Hand, lässt Garten Garten sein und blitzgeschwind rennen sie nach Hause. Auf dem Nachhauseweg fängt es auch noch tatsächlich an zu regnen. Vorwurfsvoll zeigt die Oma nach oben, auf die Regentropfen, und vorwurfsvoll schüttelt sie den Kopf. Und Frieder nickt und heult und klappert mit den Zähnen.

Zu Hause gibt's zuerst ein heißes Bad für Frieder und dann für die Oma. Dann gibt's einen heißen Tee, für beide gleichzeitig. Und dann wickelt die Oma sich und den Frieder in eine dicke Wolldecke und dann hocken Oma und Frieder als dickes, doppeltes Wolldeckenpaket vor dem Fernseher. Die

Kindersendung hat nämlich doch noch nicht angefangen. Erst jetzt. Und was gibt's zu sehen? Eine Regentropfengeschichte!

»Das fehlt grad noch«, murrt die Oma und Frieder nickt und grinst. Vom Regen haben heute beide genug, Oma und Frieder. Aber dann bleiben sie doch sitzen und schauen zu. Weil man beim Fernsehen nicht nass werden kann.

Roboter

»Oma!«, schreit der Frieder und zupft an Omas Rock. »Oma, jetzt rate mal, was ich bin!«

»Ja lässt du mich gleich los, Rotzbub!«, zetert die Oma. »Stör mich doch nicht, ich hab zu tun.«

Die Oma steht in der Küche und bügelt. Unentwegt. Hemden, Hosen, Taschentücher. Der Bügelkorb ist noch ganz voll.

Aber Frieder lässt nicht locker. »Oma«, bettelt er, »jetzt rate mich doch mal!« Er holt ganz tief Luft und dann wackelt er mit kurzen, steifen Schritten um die Oma herum. Ruckt den Kopf nach links. Ruckt den Kopf nach rechts. Und bleibt stehen. Ruckartig.

»Jetzt rate, Oma, was bin ich?«, fragt er und schaut erwartungsvoll auf die Oma.

»Ein Störenfried auf jeden Fall!«, sagt die Oma und schaut nicht her. Sie bügelt. Unentwegt. Hemden, Hosen, Taschentücher. Frieder seufzt tief auf. Und marschiert ab ins Kinderzimmer. Wenn die Oma bügelt, ist nichts zu machen. Da mag sie nicht raten, das weiß er längst. Und überhaupt, nie hätte sie erraten, was er grad ist. Die Oma ist alt. Und er, er ist ein Roboter. Einen Roboter kennt die Oma aber nicht. Bestimmt nicht. Er schon. Einen Roboter hat er nämlich gestern im Fernsehen gesehen. Der hat ihm gut gefallen. Das war ein silbriger Kasten mit vielen Knöpfen dran. Und der hat bloß so komisch laufen können, mit kurzen, steifen Schritten. Und

mit den Armen hat der auch so steif gewedelt. Und mit hoher Stimme hat der gekrächzt. Das war toll!
Und schon ruckelt der Frieder wieder los. Einmal um den Kindertisch herum. Es geht gut! Und dazu kreischt er in den höchsten Tönen: »Robrobrobrob!«
»Bub!«, schreit die Oma aus der Küche. »Bub, ist dir was passiert?«
»Nein, Oma!«, schreit der Frieder zurück und ruckelt in Richtung Tür. »Ich bin doch bloß der kleine Roboter!« Und er brüllt, so laut er kann: »Robrobrobrobrob!«
»Und ich bin gleich der große Roboter und hau dir den Popo voll!«, kreischt die Oma. »Spiel leiser, haben wir uns verstanden?«
»Roboter hauen nicht«, murmelt der Frieder. »Roboter spielen nicht. Die robotern, ganz laut!« Frieder kichert, macht kehrt und klettert blitzgeschwind auf den Kindertisch. Dort stellt er sich gerade hin, macht sich ganz steif, wedelt mit den Armen und springt mit einem lauten »Robrobrob!« auf den Boden. Die Legosteine scheppern im Regal. Das lärmt. Herrlich! Wieder steigt der Frieder auf den Tisch und springt. Und landet mit einem dumpfen »Robrobrob« auf dem Boden. Die Legosteine prasseln herunter und die Bauklötze poltern hinterher. Das war ein Krach! Herrlich!
Da steht die Oma in der Tür. »Ja spinnst du jetzt?«, zetert sie los. »Das Haus stürzt ja ein!«
»Ich bin doch ein Roboter, der hopst, Oma!«, schreit der Frieder und steht schon wieder auf dem Tisch. »Schau, wie ich hops!« Und mit steifen Beinen springt er los. Mitten in die Bauklötze hinein.
»Ja bist du denn vom wilden Watz gebissen?«, kreischt die

Oma auf. »Hopst der doch sein Spielzeug kaputt! Gleich hörst du auf oder ich werd andere Saiten aufzieh'n!«
»Kann doch nicht!«, krächzt der Frieder und grinst und hopst. »Roboter müssen hopsen. Die robotern doch, andauernd. Das ist doch klar!«
Da packt ihn die Oma, und ehe der Frieder sich wehren kann, hat sie ihm auf die Nase gedrückt. Mittendrauf. Und ziemlich fest.
»So«, sagt sie, »jetzt bist du abgestellt, dass du's nur weißt. Roboter kann man abstellen, Gott sei Dank.«
Und damit marschiert sie wieder in die Küche.
Frieder steht da, wie angenagelt. Fuß in der Luft, Arme über dem Kopf. Jetzt ist er ein abgestellter Roboter. Die Oma hat ihn abgestellt. Prima. Ein abgestellter Roboter war er noch nie. Herrlich! Frieder steht stocksteif und grinst.
Er bewegt sich nicht, tut keinen Mucks. Abgestellte Roboter bewegen sich nicht, das ist doch klar.
So steht er eine ganze Weile. Stocksteif. Und schielt aus den Augenwinkeln zur Oma hin. Die bügelt. Unentwegt. Frieder seufzt ganz leise. Jetzt steht er aber schon ganz schön lange. Abgestellt. Der Fuß tut ihm weh. Am linken Zeh.
»Oma ...«, wispert er leise.
»Nix will ich hören«, ruft die Oma. »Abgestellt ist abgestellt.« Und sie greift nach dem nächsten Taschentuch.
Frieder schluckt und hält still. Der Fuß tut wirklich sehr weh. Und die Arme auch. Da kribbelt's drin wie von hundert Ameisen. Oder noch mehr. »Oma«, fleht der Frieder. »Oma, stell mich doch wieder an!«
»Nix da!«, ruft die Oma. »Abgestellte Roboter hab ich gern. Ich stell dich erst wieder an, wenn ich fertig gebügelt hab. Erst

die Arbeit, dann das Spiel.« Und sie greift doch tatsächlich nach einem neuen Taschentuch. Der Bügelkorb ist noch immer voll. Sehr voll sogar. Frieder stöhnt auf. Ihm wird beinahe schlecht. Der Fuß fällt ihm ab, ganz bestimmt.

»Oma, bitte!«, fleht er und seine Stimme ist schon ganz dünn. »Bitte, liebe Oma!«

Da grinst die Oma und sie kommt. Gott sei Dank. Sie drückt auf seine Nase. Sie zupft an seinem Ohr, am rechten.

»Angestellt!«, sagt sie. »Aber auf ganz leise, haben wir uns verstanden?«

Frieder seufzt tief auf, schüttelt Arme und Beine und sagt vorwurfsvoll: »Mensch, Oma! Beinahe wäre ich kaputtgegangen. Kinder stellt man nicht so lange ab.«

»Kinder nicht«, grinst die Oma, »aber Roboter schon. Ich denk, du bist ein Roboter?«

»Und wie!«, schreit der Frieder, und schon ruckelt er los, in kurzen, steifen Schritten auf die Oma zu. Und zieht sie kräftig am Schürzenband.

»Ha!«, schreit die auf, »Lauser!«, und will nach dem Frieder greifen.

Da jubelt der los: »Ätsch, Oma, ich hab dich jetzt angestellt!« Und blitzgeschwind ruckelt er rückwärts. Weg von Omas Griff…

»Was hast du?«, ruft die Oma und bindet sich die Schürze wieder fest.

»Angestellt, Oma! Weil du doch der große Roboter bist«, schreit der Frieder vergnügt und ruckelt in Richtung Küche.

»Na warte«, schnauft die Oma … und mit einem sehr lauten, sehr tiefen »Robrobrob« wackelt sie hinterher. Mit kurzen,

Da ruckeln und wackeln sie gemeinsam.

steifen Schritten. In die Küche hinein. Da ruckeln und wackeln sie gemeinsam. Immer rund ums Bügelbrett.
Der kleine Roboter ruckelt schnell und leise. Der große Roboter wackelt langsam und laut. So laut, dass Nachbarn an die Wände klopfen. Da muss der kleine Roboter den großen Roboter leise stellen. Am Hausschuh. Am linken. Und so robotern sie noch eine ganze Weile. Bis der kleine Roboter Hunger kriegt.
Er hockt sich an den Tisch und der große Roboter holt eine Roboter-Mahlzeit.
»Schmieröl und Putzwolle!«, verlangt der kleine Roboter.
»Iiiigitt«, sagt der große Roboter und bringt Kakao und Kekse.
»Auch gut«, strahlt der kleine Roboter. »Guten Robrob!« Und er nimmt einen tüchtigen Schluck Kakao.
»Guten Robrob!«, krächzt der große Roboter und greift nach einem Keks.
Und dann stellen sich die beiden Roboter vorsichtshalber ab. An der Nase und am Schürzenband. Sie sind wieder Oma und Frieder. Weil man als Oma und Frieder besser Kekse essen und Kakao trinken kann.

Feiern wie die Großen

»Oma!«, schreit der Frieder und zupft an Omas Rock. »Oma, ich mag mal feiern. Wie die Großen!«

»Ja lässt du mich gleich los, Rotzbub!«, zetert die Oma. »Feiern wie die Großen! Und überhaupt, wie feiern die denn?«

»Die trinken roten Wein und rauchen Zigaretten«, sagt der Frieder und hüpft um die Oma herum. »Das will ich auch!«

»Dummer Bub«, sagt die Oma und schaut streng. »Roter Wein, der schmeckt dir doch noch gar nicht. Und Zigarettenrauchen kommt nicht infrage. So was Ungesundes kommt mir nicht auf den Tisch, dass du's nur weißt.« Und sie greift nach ihrem Hut. »Ich geh jetzt einkaufen und du bist brav. Nix will ich hören.« Sie gibt dem Frieder noch einen Schmatz auf die Backe und schon ist sie draußen.

Frieder steht im Flur und ärgert sich. Die Oma will nicht mit ihm feiern! Blöd! Wo er doch so Lust auf Feiern hat. Auf Feiern wie die Großen. Mit rotem Wein und viel Zigaretten.

»Bähh, doof!«, macht der Frieder zur geschlossenen Flurtür hin. Und weil die Tür sowieso zu ist und die Oma schon die Treppe runter, setzt er auch noch ein »doofe, doofe Oma« hinterher. Die Oma hört's ja nicht mehr. Die geht ja einkaufen. Gesunde Sachen zum Abendessen. Knäckebrot und weichen Käse. Und eine Feier ist das nicht. Bloß ein langweiliges Abendessen. Zornig stampft der Frieder auf und streckt auch

noch die Zunge raus. Aber Aufstampfen und Zungerausstrecken, wenn's niemand sieht und hört, das ist auch doof.
Frieder steht und überlegt. Und plötzlich hat er eine Idee. Er feiert eben allein! So! Er weiß schon, wie das geht. Im Fernsehen hat er es gesehen. Da haben Leute feine Glitzerkleider angehabt. Sie haben geraucht und roten Wein getrunken und gefeiert. Das hat dem Frieder gut gefallen.
Frieder saust in sein Kinderzimmer. Zum Feiern muss man sich fein anziehen, das ist klar. Frieder reißt den Kinderzimmerschrank auf und wühlt darin herum. Schmeißt alles auf den Boden. Wühlt in Hemden, Hosen, Socken. Was Feines ist da nicht dabei. Was Glitzriges schon gar nicht. Es ist bloß alles bunt und praktisch. Frieder rennt zum Schrank von der Oma, wühlt darin herum. Schmeißt alles auf den Boden. Da glitzert auch nichts ... Dafür zieht er was Langes hervor. Ein Nachthemd von der Oma. In Rosa und mit zwei Bändchen am Hals. Schön sieht das aus. Frieder stülpt es sich über. Es schleift am Boden und die Bändchen baumeln auf Frieders Bauch. Die Bändchen müssten Schleifchen werden. Aber Schleifchen binden kann er nicht. Schleifchen binden ist schwer. Macht nichts, man kann auch feiern ohne Schleifchen. Rosa und lang und festlich ist das Nachthemd auf jeden Fall. Ein Oma-Nachthemd-Feierkleid. Langsam und feierlich marschiert der Frieder in die Küche. Dort kniet er sich auf den Boden und sucht im Küchenschrank herum. Jetzt braucht er doch den roten Wein. Da steht er ja. Eine halbe Flasche voll. Ganz unten im Küchenschrank. Juchhu! Vorsichtig trägt der Frieder die Flasche zum Tisch. Vorsichtig holt er ein Glas, stellt es vorsichtig neben die Flasche.
Jetzt fehlen nur noch die Zigaretten. Die Oma hat keine, das

ist dem Frieder klar. Frieder steht und überlegt. Er muss aber Zigaretten haben. Ohne Zigaretten geht Feiern nicht.
Und plötzlich hat er eine Idee. Er macht sich eben selber welche! Und er weiß auch schon, wie! Es geht superleicht. Frieder rafft das Oma-Nachthemd-Feierkleid und rennt zum Klo. Da zieht er kräftig an der Klopapierrolle. Reißt ab und dreht Röllchen. Klopapierröllchen. Das geht gut. Und beinahe sehen die aus wie Zigaretten, beinahe wie echt.
Frieder freut sich und trägt die Klopapierzigarettenröllchen in die Küche. Nun kann sie endlich anfangen, die Feier. Langsam und feierlich setzt sich der Frieder an den Tisch. Gießt langsam und feierlich roten Wein ins Glas. Und beinahe nichts geht daneben.
Langsam und feierlich hebt der Frieder das Glas, sagt langsam und feierlich und sehr laut: »Prost!« Weil man das sagen muss, wenn man feiert.
Frieder grinst und freut sich. Schön sieht der rote Wein aus in dem Glas! Und Frieder trinkt einen großen Schluck … und kriegt sofort einen roten Kopf. Rot wie der Wein. Pfui Teufel. Der Wein schmeckt scheußlich! Ganz bitter! Das hat er nicht gewusst, dass roter Wein so scheußlich schmeckt. Am liebsten hätte er ihn wieder ins Glas zurückgespuckt. Aber Zurückspucken geht nicht. Im Fernsehen haben die feinen Leute auch nicht zurückgespuckt, die haben »Ahhh, köstlich« gesagt und haben geraucht.
Frieder sagt auch »Ahhh, köstlich« und greift nach einer Klopapierzigarette. Er muss jetzt rauchen. Rauchen schmeckt sicher besser. Rauchen schmeckt nicht besser. Rauchen schmeckt richtig schlecht. Auch ohne Rauch. Frieder muss husten, verschluckt sich und verschluckt eine halbe Zigarette.

Er macht sich eben selber Zigaretten!
Und er weiß auch schon, wie!

Auch das noch! Zigaretten darf man doch nicht essen! Jetzt klebt sie fest in seiner Kehle!
Vor Schreck trinkt der Frieder schnell einen Riesenschluck. Ein halber Schluck geht daneben aufs Oma-Feiernachthemdkleid und macht dort einen Riesenfleck. Der andere halbe Schluck geht in seinen Magen und macht dort, dass ihm ganz heiß wird. Und komisch. Es saust in seinem Kopf. Im Magen rumpelt es … Frieder schluckt und schluckt … und dann wird ihm schlecht. Und wie!
Frieder stürzt los, zum Klo. Er stolpert übers Nachthemd, das Nachthemd sagt laut »Ratsch« und ein Riss ist drin. Vom Boden bis zum Knie.
Und da kommt der Wein wieder raus. In hohem Schwapp. Mitten in die Kloschüssel hinein. Frieder würgt und Frieder stöhnt …
Da steht die Oma in der Tür, schlägt die Hände über dem Kopf zusammen und zetert los: »Ja was ist denn jetzt das? Hängt doch der Lauser im Klo, in meinem allerbesten Nachthemd! Und spuckt!«
»Oma, mir ist so schlecht!«, wimmert der Frieder und krümmt sich und mit dem Krümmen kommen Tränen.
»Ich bin zwar eine alte Frau, aber blind bin ich nicht«, sagt die Oma, packt den Frieder und hält ihm die Stirn.
Der Frieder würgt und stöhnt, käseweiß im Gesicht, und jammert und klammert sich an der Oma fest.
»Das kommt davon«, sagt die Oma. »Wer nicht hören will, muss spucken!« Sie wäscht dem schweißnassen Frieder das Gesicht und auch die Hände. Und über den Fleck im Nachthemd und den Riss, da sagt sie keinen Ton.
Sie seufzt nur tief und schüttelt den Kopf und dann sagt sie:

»Jetzt komm in die Küch', Spucklauser du! Abendessen gibt's.«
»Ich mag nie mehr feiern, Oma, nie mehr«, flüstert der Frieder und schleicht hinter der Oma her. Das Nachthemd schlappt ihm um die Füße.
»So, so!«, sagt die Oma und sie grinst und zeigt auf den Tisch. Da steht eine Flasche Himbeersaft. Rot wie roter Wein. Und auf dem Tisch liegen Zigaretten. Braun wie Schokolade.
»Mensch, Oma«, staunt der Frieder und grinst. »Mir ist überhaupt nicht mehr schlecht, Oma! Ich glaub, ich mag doch feiern.«
»Rotzbub«, sagt die Oma und greift nach Knäckebrot und Käse, »erst kommt jetzt was Vernünftiges in den Bauch und dann die Feierei, haben wir uns verstanden?«
Der Frieder nickt und Frieder strahlt.
Und dann haben Oma und Frieder endlich gefeiert. Den ganzen Abend lang. Mit Himbeersaft und Schokoladenzigaretten.
Und dann hatte die Oma einen roten Fleck auf ihrer Bluse. Vom roten Himbeersaft.
Und dann wurde der Oma schlecht. Von zu viel Schokoladenzigaretten …

Freund Batzi

»Oma!«, schreit der Frieder und zupft an Omas Rock. »Oma, ich mag mal einen Freund haben! Batzi soll der heißen.«

»Ja lässt du mich gleich los, Rotzbub!«, zetert die Oma. »Jetzt stör mich nicht, du siehst doch, dass ich schaff.«

Sie kniet vor dem Johannisbeerstrauch im Garten und pflückt. Beere um Beere. Der Korb ist noch lange nicht voll.

Frieder steht daneben und langweilt sich. Zum Pflücken hat er keine Lust. Er pflückt nicht gerne. Er isst lieber Gepflücktes auf.

»Oma, ich hätt doch so gerne einen Batzi-Freund«, seufzt er und nascht eine Beere aus Omas Korb. Nein, drei!

»Finger weg, Naschlauser du!«, sagt die Oma und zieht Frieders Hand aus dem Korb. »Und überhaupt, was brauchst du einen Freund? Du hast doch mich!«

»Ein Freund wär besser«, motzt der Frieder, »weil du ja gar nie mit mir spielst! Gar nie!«

Da macht die Oma nur noch »Ha!«, und da trollt sich der Frieder lieber. Wenn die Oma »Ha!« macht, dann kommt was, und meist nichts Gutes …

Frieder beschließt, er geht spazieren. Immer rund um die Gartenbeete herum. Einmal linksherum ums Gemüsebeet. Einmal rechtsherum um den Salat. Langweilig. Und er seufzt tief und lange. Mit einem Freund, dem Batzi, da könnte er jetzt spielen. Oder fußballern. Oder sich raufen. Oder die Oma ärgern … das wär ja was. Sich heimlich ranschleichen, wie ein Indianer, und geschwind der Oma die Schürzenbändel aufziehen … er zieht rechts, der Batzi links. Und wenn dann die Oma aufsteht, dann fällt ihr die Schürze runter. In den Gartendreck. Dann schreit sie »Ha!« und will die Schuldigen fassen. Aber die Schuldigen sind flink, die können rennen wie Indianer. Die verstecken sich gemeinsam. Der Batzi und er. Hinter der Regentonne. Und da sitzen sie dann und kichern. Gemeinsam.

Frieder muss lachen. Und dann muss er schon wieder seufzen. Weil, hier ist kein Batzi-Freund. Weit und breit nicht. Hier ist bloß die Oma. Blöd.

Missmutig hockt sich der Frieder hin. Neben den Salat. Und auch ein bisschen in den Salat. Aber bloß mit einem Fuß. Wenn das die Oma sieht, dann gibt's Krach. Auf Salatpflanzen treten, das kann sie nicht leiden.

Frieder zieht den Fuß wieder zurück. Der Salat kann ja nichts dafür. Der wächst fröhlich und grün vor sich hin. »Wenn hier ein Batzi-Freund wachsen täte«, denkt der Frieder sehnsüchtig, »das wär mir viel lieber. Blöder Salat!« Aber dass Freunde nicht in Salatbeeten wachsen, das weiß der Frieder längst. Trübe schnupft er vor sich hin und mault … doch plötzlich hört er auf.

Da ruft wer. Mit hoher, dünner Stimme: »Frieder, Frieder, herkommen. Spielen. Der Batzi ist da!«

Wer ist da? Frieder springt auf und schaut … Da steht die Oma, wedelt mit seinem Sandspieleimerchen und quietscht dazu in den höchsten Tönen: »Huhu! Hier ist der Batzi! Huhu!«

Frieder guckt und guckt und guckt … er sieht keinen Batzi, er sieht nur die Oma. Und die winkt unentwegt mit dem Eimerchen und kreischt: »Herkommen, spielen! Backe, backe Kuchen!«
Da begreift der Frieder endlich. Und er flitzt los, zur Oma, zur Batzi-Oma.
»Mensch, Oma«, grinst der Frieder, »der Batzi ist doch kein Baby.« Und er schnappt der Oma das Eimerchen weg.
»Hergeben!«, kreischt die und grapscht nach dem Eimerchen.
»Fang mich doch, Batzi!«, ruft der Frieder und saust schon los. Der Batzi schnauft hinterher. Rund ums Salatbeet geht's, und rund ums Gemüsebeet.
An der Regentonne, da hat Freund Batzi den Frieder endlich erwischt. Weil der sich hat erwischen lassen. Sein Freund Batzi ist nicht so schnell wie er. Das ist doch klar.
»Gewonnen!«, schnauft der Batzi und wischt sich die Stirn und strahlt und er möchte sich am liebsten setzen.
»Nichts da«, schreit der Frieder, »jetzt müssen wir uns raufen.« Und er kommandiert: »Eins, zwei, drei, los!«
Und schon stürzen sich Frieder und Batzi aufeinander und raufen. Und wie! Der Batzi zwickt und Frieder boxt. Aber nicht fest. Sein Freund Batzi ist nicht so stark wie er. Das ist doch klar.
»Aufhören«, japst der Batzi und reibt sich das geboxte Knie.
»Gewonnen!«, grinst der Frieder und reibt sich den gezwickten Arm. Sein Freund Batzi kann gut zwicken …
»Jetzt brauch ich mal was Ruhiges«, stöhnt der Batzi, und die grauen Haare hängen ihm wirr ins Gesicht. »Eine alte Frau ist doch kein D-Zug!«

Der Frieder überlegt … und dann hat er die Idee! Er fasst den Batzi an der Hand und flüstert: »Du, Batzi, jetzt tun wir mal die Oma ärgern, ja?«
Der Batzi seufzt tief auf. »Muss das denn sein?«
»Ja klar«, jubelt der Frieder los. »Jetzt fressen wir alle Johannisbeeren auf. Das ärgert die Oma bestimmt.«
»Das glaub ich auch«, murmelt der Batzi. Aber weil er ein guter Freund ist, trottet er brav hinter dem Frieder her zum Johannisbeerstrauch. Und da hocken sich die beiden auf den Boden, vor Omas vollgefüllten Korb, grinsen sich an und futtern los. Der Batzi füttert den Frieder, der Frieder füttert den Batzi. Und ab und zu steht der Frieder Wache und schaut, ob auch ja die Oma nicht kommt. Und ab und zu steht der Batzi Wache und schaut …
Frieder kichert und futtert und flüstert: »Wir sagen aber nicht der Oma, wer den Korb leer gefressen hat, gell, Batzi?«
»Kein Wort«, versichert der Batzi und kriegt dafür vom Frieder einen johannisbeerroten Schmatz auf die Backe. Aber als der Korb halb leer gefressen ist, da kriegt der Frieder plötzlich Bauchweh! Und da ist plötzlich der Batzi weg. Dafür ist plötzlich die Oma da. Die reibt dem Frieder den Bauch und tröstet ihn und sie schimpft ganz gewaltig. Auf den Batzi! Weil der dran schuld ist, dass der Frieder sich überfressen hat.
»Der Saubatzi der, der kommt mir nicht mehr ins Haus!«, zetert die Oma.
Da muss der Frieder schrecklich lachen, so sehr, dass er sich verschluckt und ihm die Oma den Rücken klopfen muss. Da ist das Bauchweh weg. Die Oma hat es weggeklopft. Oder der Frieder hat es weggelacht.

Der Batzi füttert den Frieder, der Frieder füttert den Batzi.

Nikolaus

»Oma!«, schreit der Frieder und zupft an Omas Rock. »Oma, komm schnell! Ich glaub, der Nikolaus war da!«

»Ja lässt du mich gleich los, Rotzbub!«, zetert die Oma. Sie fährt aus ihrem Sessel hoch und lässt die Zeitung fallen. Die Oma hat gelesen, und ein bisschen geschlafen hat sie dabei auch.

Sie reibt sich die Augen und zetert los: »Ja weißt du denn, wie spät das ist? Bald Mitternacht! Ich denk, du schläfst schon längst!«

»Wenn ich doch nicht kann«, jammert der Frieder und zupft aufgeregt an Omas Rock, »weil doch der Nikolaus kommt. Ich glaub, er war schon da.«

»Das glaub ich nie und nimmer«, sagt die Oma und hebt die Zeitung wieder auf. »Marsch, ab ins Bett. Geschaut wird morgen früh, dass du's nur weißt.«

Der Nikolaus kommt nämlich bei dem Frieder und der Oma heimlich in der Nacht. Und er steckt was in die Hausschlappen rein. Was Süßes und noch eine Überraschung.

Die Überraschung hat der Frieder besonders gerne. Jedes Jahr gerne. Und ganz besonders in diesem Jahr. Die Hausschlappen stehen vor der Flurtür. Damit der Nikolaus sie ja auch gleich sieht. Und am Morgen dann dürfen sie gucken, der Frieder und die Oma.

Aber bis zum Morgen ist so lang. Das kann der Frieder nicht abwarten, auf keinen Fall. Wie kann man denn schlafen, wenn eine Überraschung im Hausschlappen steckt, die ganze Nacht lang? Frieder kann nicht. Er möchte so gerne gucken. Jetzt, sofort!

»Oma!«, bettelt der Frieder und reißt die Augen ganz weit auf. Weil das manchmal bei der Oma wirkt. Heute nicht.

»Nix da«, sagt die Oma und bringt den Frieder wieder ins Bett. »Neugierige Kinder kann der Nikolaus nicht leiden, das weiß ich ganz genau, Bub Ungeduld.«

Und damit geht sie raus und Frieder sitzt in seinem Bett und ärgert sich. Immer warten! Wo er doch lieber gucken möchte! Wo er doch so Lust drauf hat! Aber er soll ja schlafen! Frieder seufzt tief auf und kneift fest die Augen zu. Die Augen gehen immer wieder auf, ganz von selber. Frieder kann nichts dafür. Und plötzlich stehen seine Beine auf dem Boden, auch ganz von selber. Und plötzlich laufen seine Beine zur Tür und plötzlich macht seine Hand die Tür auf … und ganz leise schlüpft der ganze Frieder auf den Flur, flitzt leise zur Flurtür, öffnet leise die Flurtür … da stehen die Hausschlappen. Schön nebeneinander, so, wie sie sie am Abend rausgestellt haben. Omaschlappen, groß und kariert. Friederschlappen, klein und kariert.

Frieder schnauft tief durch und sieht mit einem Blick: Der Nikolaus war da! Der Omaschlappen ist voll! Drei Tüten Pfefferminzbonbons quellen raus. Und ein Stück Seife glitzert, schön eingewickelt in Knisterpapier. Da wird sich die Oma aber freuen! Seife hat sie doch so gerne.

Frieder grinst und greift nach seinem Schlappen … Frieder grinst nicht mehr. Dem Frieder bleibt der Mund offen stehen, weil … sein Schlappen ist leer! Frieder traut seinen Augen nicht. Er schüttelt ihn. Nichts. Bloß ein schmutziger Socken

Frieder traut seinen Augen nicht.

steckt drin, sonst nichts! Und den hat er selber beim Ausziehen vergessen. Und der Nikolaus hat ihn vergessen. Zum ersten Mal! Frieder schluckt, und mit dem Schlucken kommen Tränen. Ganz leise stellt er den Schlappen wieder hin. Ganz leise schleicht er wieder in sein Zimmer. Ganz leise kriecht er in sein Bett. Und da heult er erst mal. Lange und ziemlich leise. In den Bauch vom Teddy hinein. Doch plötzlich ist er still. Er hat was gehört. Da schleicht wer auf dem Flur …

Frieder hält den Atem an, sitzt aufrecht im Bett, den nass geheulten Teddy im Arm …

Wer schleicht denn da? Schleicht da der Nikolaus? Schleicht da die Oma?

»Oma, ich bin wach!«, ruft der Frieder und hofft, es antwortet ihm der Nikolaus mit tiefer, brummiger Nikolausstimme: »Frieder, steh auf und sieh in deinen Schlappen nach!«

Kein Nikolaus antwortet. Keine Oma antwortet. Es schleicht auch niemand mehr. Alles still. Enttäuscht kriecht Frieder wieder in die Kissen … da fährt er hoch. Da schreit's. Ganz laut. Die Oma! Frieder hat es deutlich gehört.

Wie der Blitz saust Frieder aus dem Bett, saust raus … da steht die Oma, strahlt übers ganze Gesicht und hält ihren Schlappen in der Hand. Den vollen. Als sie den Frieder sieht, macht sie gleich ein schuldbewusstes Gesicht und wispert ihm zu: »Verrat mich bloß nicht beim Nikolaus! Weil ich's nimmer ausgehalten hab. Bis zum Morgen ist so lang. Schau her, was mir der Nikolaus gebracht hat!« Und sie hält dem Frieder die Seife unter die Nase.

Frieder nickt und seufzt. Die Oma freut sich so. Er täte sich auch so gerne freuen. Er kann ja leider nicht. Weil, sein

Schlappen ist ja leider leer … ihn hat ja leider der Nikolaus vergessen. Mit dem tiefen Friederseufzer kommen wieder Tränen. Die tropfen auf den leeren Friederschlappen drauf. Auf den leeren? Auf den vollen!
Frieder starrt, blinzelt, starrt … Der Schlappen ist voll. Und wie! Der quillt ja über! Noch viel mehr als der von der Oma! Mit einem Platsch hockt sich der Frieder hin. Mitten ins Treppenhaus. Und staunt.
Staunt seinen Schlappen an. Schokoladenkringel stecken drin und Nüsse und Bonbons. Und im schmutzigen Socken steckt ein klitzekleines knallrotes Flugzeug. Mit echten Rädern dran. Das hat er sich schon lange gewünscht. Frieder kriegt knallrote Backen, so rot wie das Flugzeug, und jubelt los: »Mensch, Oma! Mein Schlappen ist ja voll!«
»Ich bin zwar eine alte Frau, aber blind bin ich nicht, Bub Ungeduld, du lausriger«, sagt die Oma. »Gib mir mal gleich den Socken her, der gehört in die Wäsch' und nicht in einen Nikolausschlappen, wie oft soll ich das noch sagen.« Aber sie grinst dabei und schiebt sich einen Pfefferminzbonbon in den Mund.
»Und nachgeguckt wird erst am Morgen, Oma Ungeduld, wie oft soll ich das noch sagen«, sagt der Frieder und kaut schon auf seinem Schokoladenkringel.
Da droht ihm die Oma mit dem Schlappen, aber Frieder ist schon in der Küche. Und dann sitzen Oma und Frieder in stockfinsterer Mitternacht am Küchentisch und knacken Nüsse und naschen Süßes und bewundern ihre Überraschungen. Frieder überlegt lange, wann wohl der Nikolaus zurückgekommen ist, um seinen Schlappen zu füllen, den vergessenen. Und warum er ihn wohl vergessen hat … Und

als ihm vor lauter Überlegen die Augen zufallen, da trägt ihn die Oma ins Bett und das klitzekleine knallrote Flugzeug trägt sie auch. Und als sie dem Frieder einen Gute-Nacht-Schmatz gibt, da kriegt die Oma einen pappigen Mund. Weil Schokoladenkringelschokolade auf Frieders Backe klebt.

Lahmes Bein

»Oma!«, schreit der Frieder und zupft an Omas Rock. »Oma, schau mal, was ich hab! Ich hab ein lahmes Bein!«
»Ja lässt du mich gleich los, Rotzbub!«, zetert die Oma. Sie kniet im Garten am Gemüsebeet, rupft Unkraut und schaut nicht auf.
Frieder lässt nicht locker. »Oma«, bettelt er, »jetzt schau doch mal! Mein schönes lahmes Krüppelbein!«
Da schaut die Oma endlich auf, und sofort zetert sie los: »Ja spinnst du jetzt? Ja bist du denn vom wilden Watz gebissen? Was hast du?«
»Ein lahmes Krüppelbein«, schreit der Frieder fröhlich und humpelt ausführlich vor der Oma auf und ab. Vorhin, auf der Straße, da hat er nämlich einen Mann gesehen. Der war ein Krüppel! Der hat gehinkt. Der hat ein Bein ganz steif nachgezogen. Das hat so komisch ausgesehen. Das hat dem Frieder gut gefallen. Und er hat beschlossen, das probiert er auch. Jetzt gleich. Jetzt hinkt er und es geht gut!
»Schau, Oma, schau, wie schön ich humpeln kann!«, schreit der Frieder und dreht eine Humpelrunde um die Oma.
»Ich bin zwar eine alte Frau, aber blind bin ich nicht«, kreischt die Oma. »Damit macht man keine Scherze, dass du's nur weißt.« Und wütend rupft sie ein Unkraut aus. »Sei du froh, dass du deine heilen Beine hast. Sei du nur froh, dass

du kein Krüppel bist. Und jetzt hörst du auf damit! Sofort!« Drohend schwingt sie das Unkrautpflänzchen.
»Mensch, Oma«, murrt der Frieder und hinkt schnell ein Stückchen weg.
»Mensch, Oma, ich spiel doch bloß!«
»So was spielt man nicht!«, schreit die Oma aufgebracht. »Das will ich nimmer sehen, haben wir uns verstanden?« Und sie wirft doch tatsächlich das Unkrautpflänzchen in Richtung Frieder.
»Bähh«, macht der Frieder leise und verzieht sich. In die hinterste Gartenecke.
Was hat die Oma denn? Warum ist sie denn so bös? Sie hat sogar mit einem Pflänzchen nach ihm geschmissen. Bloß weil er ein lahmes Bein hat. Bloß weil er hinken spielt. Hinken spielen ist doch lustig. Ein Bein kann laufen, das andere nicht. Und überhaupt, nie darf er spielen, was er grad will, überhaupt nie! Und überhaupt …
»Und überhaupt, auf Krüppel schmeißt man nicht!«, schreit der Frieder wütend zur Oma rüber.
Die sagt nichts, die macht nur »Ha!«. Da ist der Frieder lieber still. Wenn die Oma »Ha!« macht, dann kommt was. Und meist nichts Gutes …
Frieder verzieht sich noch ein bisschen weiter weg. Hinter den Johannisbeerstrauch. Jetzt kann ihn die Oma nicht mehr sehen. So! Und jetzt hinkt er. So lange und so viel er will. Jetzt grad. So! Frieder grinst und streckt die Zunge raus. Längelang zum Johannisbeerstrauch. Den meint er nicht, aber die Oma, dahinter …
»Und jetzt bin ich doch ein Krüppel«, murmelt der Frieder und legt los.

»Krüppelbein, eins – zwei, Krüppelbein, eins – zwei.« Und im Takt dazu humpelt er nach rechts, humpelt nach links, humpelt vorwärts, humpelt rückwärts … Und da hat er den Stein nicht gesehen. Den Stein, der da im Weg liegt. Es tut einen Platsch. Und Frieder liegt auf der Nase. Längelang. Hinter dem Johannisbeerstrauch. Frieder schnappt nach Luft … und spürt … sein Bein, das lahme Krüppelbein! Das schmerzt! Und wie! Es brennt wie Feuer!

Frieder hält die Luft an vor Schreck. Und dann plärrt er los: »Oma! Au! Au, Oma! Mein Bein, mein Krüppelbein!«

»Hör sofort auf!«, schreit die Oma zurück. »Wie oft soll ich das noch sagen! So ein gotteslästerliches Spiel! Nix will ich hören.«

Erschrocken macht der Frieder den Mund wieder zu. Die Oma glaubt ihm nicht. Das kann er deutlich hören. Aber wenn's doch stimmt! Er hat sich doch wehgetan. In echt!

Vorsichtig befühlt der Frieder sein Bein. Er fühlt was Nasses … das ist Blut! Von oben bis unten Blut! Bestimmt! Frieder kneift die Augen fest zu. Sein Bein ist ab, bestimmt! Es ist nicht ab, es tut nämlich weh. Was weh tut, ist nicht ab, das ist dem Frieder klar. Vorsichtig bewegt der Frieder das Bein, ganz vorsichtig … es schmerzt. Es schmerzt so arg, wie ihn noch nie was geschmerzt hat. Bestimmt. Bestimmt tut es jetzt immer weh, wenn er es bewegen will. Dann kann er es nicht mehr bewegen. Dann ist das Bein steif. Dann hat er ein Krüppelbein. Ein echtes. Nie wieder kann er springen und rennen. Bloß hinken. Für immer…

Der Frieder liegt platt auf dem Boden. Der Frieder liegt ganz still. Der Frieder weint. Ganz leise und ganz jämmerlich.

»Oma! Au, au, Oma! Mein Bein, mein Krüppelbein!«

Da steht plötzlich die Oma neben ihm, schlägt die Hände über dem Kopf zusammen und zetert los: »Ja, was ist jetzt das? Liegt doch der Rotzbub im Dreck und heult! Gleich stehst du auf, Drecklauser du!«
»Kann doch nicht, Oma«, wimmert der Frieder. »Oma, ich hab ein Krüppelbein. Mit Blut!«
»Was hast du?«, sagt die Oma. Und dann sagt sie nichts mehr. Sie packt den Frieder, zieht ihn hoch, stellt ihn auf die Beine und fragt kurz: »Wo tut's weh?«
Heulend zeigt der Frieder aufs Knie. Da ist wirklich Blut. Zwei Blutstropfen. Oder drei. Die wischt die Oma weg. Mit Spucke.
»Hinkebub, lausriger«, sagt sie und lässt den Frieder los. »Jetzt spring.«
Frieder steht und schluckt und schluckt. Macht vorsichtig einen Schritt, dann noch einen und noch einen. Es geht. Es geht gut. Er hat ja gar kein Krüppelbein! Das Bein tut bloß noch ein bisschen weh. Oder überhaupt nicht.
Mit wilden Sätzen springt der Frieder um die Oma herum und schreit dazu in den höchsten Tönen: »Schau, Oma, wie ich spring. Ich spring so hoch wie ein Haus!« Er tut einen mächtig hohen Satz … und landet in Omas Armen. Die drückt ihn an sich und flüstert in sein Haar hinein: »Wenn du wüsstest, wie dankbar ich dafür bin, Hüpflauser du.«
Der Frieder strahlt und nickt und gibt der Oma einen Schmatz auf die Backe. Er ist auch dankbar. Und dreckig. Vom Sturz und von Omas Gartenerdehänden.
»Schmutzlauser«, sagt die Oma und zieht den Frieder zur Regentonne. Frieder seufzt. Das Regentonnenwasser ist sehr nass. Und furchtbar kalt. Aber Frieder tut keinen Mucks. Auch nicht, als ihm die Oma einen Eisesschwapp über den

Kopf gießt. Auch nicht, als ihm die Oma die Eisesschwappe über Arme und Beine gießt. Der Frieder hält geduldig still.
»Jetzt hops dich trocken«, sagt die Oma schließlich und grinst. Da schnauft der Frieder auf und hopst los. So schnell und so hoch, wie er kann. Er hopst um die Oma herum und er hopst so hoch wie ein Haus. Beinahe so hoch wie ein Haus. Mit heilen Beinen. Und einem Dreckfleck auf der Nase. Den hat die Oma vergessen.

Sonntagmittagsschlaf

»Oma!«, schreit der Frieder und zupft an Omas Rock. »Oma, steh auf und spiel mit mir! Jetzt gleich!«
»Ja lässt du mich gleich los, Rotzbub!«, zetert die Oma und hat die Augen zu. »Spiel schön. Du siehst doch, dass ich schlaf.«
Sie räkelt sich im Sessel und schnarcht los. Und Frieder steht daneben und ärgert sich. Die Oma schläft ihren Mittagsschlaf. Den Sonntagmittagsschlaf. Er macht schon lange nicht mehr Mittagsschlaf. Schlafen ist langweilig. Aber die Oma, die schläft. Und immer am Sonntag. Blöd.
Alleine spielen ist auch langweilig. Besonders am Sonntag. Wenn die Oma schläft. Frieder seufzt tief auf, ganz tief und ziemlich laut. Vielleicht wacht jetzt die Oma auf und spielt mit ihm? Sie wacht nicht auf. Sie schnarcht. Frieder steht und überlegt. Wecken darf er die Oma nicht. Wecken gibt Ärger. Aber fragen darf er die Oma, oder? Fragen ist nicht wecken.
Ganz leise zupft der Frieder an ihrem Rock und wispert ihr ganz leise und ganz nah ins Ohr, ins linke: »Du, Oma, schläfst du noch lang?«
»Ummmps«, grunzt die Oma und dreht sich auf die andere Seite. Und schnarcht weiter. Und Frieder steht da und ist enttäuscht. Ummmps, das ist keine Antwort. Das Oma-Schnarchen aber schon. Was soll er denn jetzt machen? Nichts fällt

ihm ein, gar nichts … oder doch? Doch! Wenn nämlich heut nicht Sonntag wär, dann täte die Oma auch nicht schlafen. Also muss er was machen, damit heut nicht Sonntag ist. Und er weiß auch schon, was!

Frieder kichert leise, ganz leise und schleicht leise, ganz leise zum Abreißkalender. Der hängt in der Ecke. Mit knallroter Zahl auf dem Kalenderblatt. Immer wenn's auf dem Kalender knallrot ist, dann ist Sonntag. Das weiß der Frieder längst. Wenn's schwarz ist auf dem Kalender, dann ist ein Wochentag. Und da schläft die Oma nicht. Nie. Also muss er jetzt was machen, damit es auf dem Kalender schwarz wird. Frieder grinst und reckt sich und rupft mit einem Rupf eine Handvoll Kalenderblätter ab. Jetzt ist der Sonntag weg, die Kalenderzahl ist schwarz und die Oma muss aufwachen.

»Oma«, brüllt der Frieder, »Oma, wach auf! Mittwoch ist!«

Mit einem lauten »Ha!« fährt die Oma hoch, reibt sich die Augen, tastet nach ihrer Brille, starrt … und zetert los: »Ja bist du denn vom wilden Watz gebissen? Reißt der doch am Kalender herum! Ich glaub, ich seh nicht recht.«

»Doch, Oma«, schreit der Frieder vergnügt. »Der Sonntag, der ist weg!« Und er zeigt stolz aufs Kalenderblatt.

»Ich bin zwar eine alte Frau, aber blind bin ich nicht!«, zetert die Oma. »Und wenn du zehnmal rupfst, Störlauser du, heut ist Sonntag, den kannst du nicht wegrupfen! Und nach dem Sonntag kommt der Montag, wie oft soll ich dir das noch sagen. Und der Montag, der kommt noch lange nicht, dass du's nur weißt.«

Und damit klappt sie die Augen wieder zu und schnarcht los, dass die Wände wackeln.

»Und am Sonntag ist es langweilig, wie oft soll ich das noch sagen«, murrt der Frieder und schmeißt wütend die Blätter auf den Boden. Die Oma sieht es nicht. Die Oma hört auch nicht. Die Oma schläft. Mist.
Missmutig zieht der Frieder ab. In sein Kinderzimmer. Missmutig packt er seinen Teddy und reißt den Teddy am Ohr. Der schläft auch. Der soll aber nicht schlafen. Niemand soll schlafen, wenn er doch wach ist.
Reißen tut weh … und da hat der Frieder eine Idee. Er muss bloß weinen. Tüchtig weinen. Immer wenn er weint, kommt die Oma angesaust. Und tröstet. Und spielt mit ihm. Frieder quetscht an Tränen, drückt und quetscht … es wollen aber keine Tränen kommen. Es müssen aber welche kommen! Frieder holt tief Luft, presst die Augen zu und presst ein leises »Huhuhu« heraus. Tränen kommen nicht und das »Huhuhu« war zu leise, ganz klar. Frieder hört auf und überlegt. Tränen sind Wasser und Wasser hat er im Mund. Spucke. Jede Menge. Spucke ist beinah wie Tränen, oder? Frieder reißt den Mund weit auf und klatscht sich Spucketropfen auf die Backen. Und rund um die Augen. Und auch noch aufs Kinn. Und einen dicken Spucketropfen, den klatscht er auf die Nase. Herrlich! Jetzt hat er ein Gesicht voll Spucketränen. Nun muss er nur noch weinen. Und schon jault er los: »Huhuhuh!« Und noch ein bisschen lauter: »Huhuhuhu!« Es klingt ein bisschen wie ein Hund, dem man auf den Schwanz getreten hat. Es klingt aber auch ein bisschen wie ein Frieder, den man am Sonntag alleine lässt.
»Bub!«, schreit die Oma. »Spiel leiser, das Haus stürzt ja ein!«
»Ich spiel doch gar nicht, Oma!«, schreit der Frieder zurück

und tupft sich eifrig neue Spucketropfen auf die Backen. »Ich weine doch!« Und er stößt ein lautes, schönes Gejaule aus.

»Weine leiser!«, schreit die Oma. »Ich schlafe, das hörst du doch!«

»Und ich muss weinen, das hörst du doch!«, brüllt der Frieder zurück und kichert und horcht und wartet ... Gleich kommt die Oma, gleich. Die Oma kommt nicht. Sie schnarcht. Das kann der Frieder deutlich hören. Sein Weinen, das hat nichts genützt. Das ist dem Frieder klar. Und wütend kreischt der Frieder los: »Blöd, blöd, blöde Oma!« Und er packt den Teddy und reißt ihn am Arm. Und am Bein. Und noch mal am Arm, und dann kneift er ihn fest in die Nase. So fest, wie er die Oma kneifen möchte ... Da tut es einen Riss und die Teddynase hat ein Loch und Sägemehl kommt raus. Ganz gelb und ganz viel. Und rieselt auf den Frieder drauf.

Der Frieder starrt erschrocken. Das hat er nicht gewollt. Sein Teddy! Nun ist er kaputt und rieselt vor sich hin. Sägemehl ... wie Teddytränen. Bloß aus der Nase raus. Der Teddybauch ist voll davon. Und Frieders Hose auch. Und auf dem Boden ist ein Häuflein, und Teddys Nase ist schon ganz schlapp. Da heult der Frieder jammervoll auf, ganz leise und jetzt ganz in echt.

Da steht die Oma in der Tür und ist wach, ganz wach. »Ha!«, schreit sie auf. »Jetzt macht der doch wirklich sein Spielzeug kaputt.« Aber dann sagt sie nichts mehr. Sie packt den Frieder und sie packt den Teddy und trägt beide in die Küche. Und Frieder sieht mit einem Blick: Da ist der Tisch gedeckt. Mit Kuchen und Kakao. Und die Oma rennt hin und die Oma rennt her, den Teddy in der einen Hand und Nadel und Faden in der anderen. Und sie näht dem Teddy die Nase heil. Und sie

»Mensch, Oma, gut, dass du wach bist.«

gießt Kakao ein und schneidet Kuchen. Frieder sitzt und grinst und strahlt. Und füttert den Teddy mit Kuchen. Und füttert sich mit Kuchen. Und füttert die Oma mit Kuchen.
»Mensch, Oma«, sagt der Frieder und grinst die Oma an. »Mensch, Oma, gut, dass du wach bist.«
»Jawohl«, sagt die Oma und gähnt. »Ich schlaf jetzt lieber am Mittwoch. Am Sonntag schlafen, das geht schief.«
»Brumm«, sagt der Teddy und kippt mit der Nase in den Kakao. Die Nase wird braun. Braun ist der Teddy sowieso. Und heil ist er auch. Und die Oma ist wach. Und der Frieder ist froh.

Telefon

»Oma!«, schreit der Frieder und zupft an Omas Rock. »Oma, ich mag mal telefonieren. Mit dir!«

»Ja lässt du mich gleich los, Rotzbub!«, zetert die Oma. »Telefonieren! Und überhaupt, wir haben ja kein Telefon.« Die Oma greift in den Wollkorb, holt Strickzeug raus und strickt los, eins links, eins rechts, eins über Kreuz. Und Frieder steht enttäuscht da. Wenn die Oma strickt, ist nichts zu machen.

»Mensch, Oma«, mault er leise und trottet ab. Ins Kinderzimmer. Aber im Abtrotten greift er noch schnell eine Banane. Die ist fürs Abendessen. Das weiß der Frieder genau. Die klaut er jetzt. Das hat die Oma dann davon. Wenn sie auch nicht mit ihm telefoniert! Er hat aber keine Lust auf Banane. Er hat bloß Lust auf Telefon. Die Oma aber nicht. Blöd.

Frieder steht im Kinderzimmer, Banane in der Hand. Langweilig. Bloß Banane und kein Telefon. Kein Telefon? Doch! Er macht sich eben selber eins! Prima Idee. Und er weiß auch schon, wie! Die Banane, das ist der Hörer. Die sieht genauso aus. Gelb und krumm. Frieder grinst und hält die Banane ans Ohr. Er hört nichts. Na klar hört er nichts. Die Banane hat ja keine Schnur! Da muss noch eine Telefonschnur dran.

Frieder reißt die Tür auf und brüllt raus: »Oma, bring mir Schnur, aber schnell!«

»Ja bin ich denn dein Diener?«, schreit die Oma zurück. »Ich strick, das weißt du doch!«

»Alles muss man selber machen«, seufzt der Frieder und haut die Tür fest zu und reißt sie sofort wieder auf. Er weiß, wo Schnur ist. Ganz viel Schnur.
Frieder kichert und schleicht sich leise, leise in die Küche. Zur Oma. Die strickt und schaut nicht auf. Blitzgeschwind greift Frieder in den Wollkorb und zieht. Er zieht einen langen, roten Faden raus. Der Faden wird immer länger, und leise und blitzgeschwind verschwindet Frieder damit im Kinderzimmer.
So, jetzt hat er eine Schnur. Eine lange Bananen-Telefonschnur. Die bindet er der Banane um den Bauch. Das geht gut. Jetzt hat er ein richtiges Telefon. Ein beinahe richtiges … Frieder drückt die Banane an sein Ohr, schreit: »Ringringring!« Weil Telefone klingeln müssen. Und dann sagt er in die Banane hinein: »Hallo, hier ist der Frieder.« Und horcht. Jetzt muss die Banane was sagen. Sie sagt aber nichts. Bananen sprechen eben nicht, das weiß der Frieder längst. Auch wenn sie Bananen-Telefone sind … Frieder probiert's noch mal. »Hallo, hier ist der Frieder!« Und weil jemand antworten muss, sagt er gleich hinterher: »Hallo, und hier ist auch der Frieder!« Und dann fällt ihm nichts mehr ein. Blöd. Und überhaupt, allein telefonieren ist superblöd. Wütend schmeißt der Frieder die Banane auf den Boden, wütend hebt er das Bein, das rechte, und murmelt zornig vor sich hin: »Die tret ich jetzt kaputt. Weil, das gibt feinen Matsch!« Er holt weit aus, zu einem kräftigen Stampf … Da wandert die Banane, gezogen am langen Faden, in Richtung Tür … Frieder reißt die Augen weit auf … da macht die Banane: »Ringringring!« Das Telefon! Es hat geklingelt! Ganz klar! Mit einem Sprung ist der Frieder dran und horcht hinein. In die Banane.

»Hier spricht die Oma und wer spricht dort?«, quakt es. Frieder grinst. Die Oma! Sie ruft ihn an.
»Hier ist der Frieder!«, schreit der Frieder aufgeregt und hält sich die Nase zu. Damit er auch so schön quaken kann.
»Ich bin zwar eine alte Frau, aber taub bin ich nicht«, quakt es. »Wer ist dort? Ich glaube, ich bin falsch verbunden.«
»Ich auch, Oma!«, brüllt der Frieder mit zugehaltener Nase. »Ich bin auch falsch verbunden.«
»Ja, so«, quakt es zurück, »ja, so. Dann, bittschön, richten Sie dem Frieder eine Nachricht aus. Bittschön.«
»Ja klar, Oma!«, schreit der Frieder und horcht gespannt.
»Einen schönen Gruß von seiner Oma, und wenn der Lauser noch mal das halbe Abendessen klaut, dann hau ich ihm den Popo voll. Ich bin zwar eine alte Frau, aber blind bin ich nicht. Auf Wiederhören. Es hat mich sehr gefreut!«
»Mich auch, Oma!«, brüllt der Frieder und kichert los.
Da macht die Banane schon wieder »Ringringring!«. Und ehe der Frieder sich ordentlich melden kann, da quakt es los: »Und jetzt komm in die Küche. Ich mach uns einen Obstsalat. Und bring den Hörer mit, haben wir uns verstanden?«
Der Frieder nickt eifrig und saust los. Da sitzt die Oma, hat ein Wollknäuel am Ohr, sagt »Knicksknacks!« und legt den Hörer auf. Mitten in den Wollkorb.
»Oma, wir rufen uns gleich wieder an, ja?«, sagt der Frieder und grinst die Oma an.
»Später«, sagt die Oma. »Erst das Essen, dann das Spiel.« Und eifrig schnippelt sie Obstsalat. Als Oma und Frieder später telefonieren wollen, da ist der Oma-Hörer noch da. Aber der Frieder-Hörer ist weg. Den haben sie aufgegessen. Im Obstsalat.

»Ich mach uns einen Obstsalat«, sagt die Oma,
»und bring den Hörer mit!«

Neue Schuhe

»Oma!«, schreit der Frieder und zupft an Omas Rock. »Oma, mach schnell, wir wollen doch Schuhe kaufen gehen. Für mich!«

»Ja lässt du mich gleich los, Rotzbub!«, zetert die Oma und greift nach ihrer Tasche. »Eine alte Frau ist doch kein D-Zug. Die Schuhe laufen uns nicht weg.«

»Doch«, schreit der Frieder und hüpft vor der Oma auf und ab, »wenn du auch immer so langsam machst!«

»Bub Ungeduld«, sagt die Oma, »benimm dich, wie es sich gehört. Sonst bleiben wir hier!«

Aber sie steht schon an der Tür, und aufgeregt greift Frieder ihre Hand und los geht's. Zum Schuhgeschäft an der Ecke.

»Weiße Schuhe will ich«, sagt der Frieder und zieht schnell seine alten Sandalen aus.

»Braune Schuhe wollen wir«, sagt die Oma zur Verkäuferin, »weil man da den Dreck nicht so sieht.«

Die Verkäuferin rennt und bringt braune Schuhe. Ganze Stapel. Sandalen, Stiefel, Halbschuhe. Alles in Braun.

Frieder starrt böse auf den braunen Schuhberg und macht seine Füße ganz steif. Sie gefallen ihm nicht, die braunen Schuhe, überhaupt nicht. Er mault los, aber da hat ihm die Verkäuferin schon einen braunen Halbschuh an den Fuß gezogen. An den linken. Frieder streckt den Fuß weit von sich, so weit es geht.

»Die mag ich nicht«, verkündet er und schaut flehend zur Oma. Die schaut nicht her, die schaut auf seinen Fuß.
»Stiefel sind besser«, sagt sie. »Der Bub braucht Stiefel.«
Sofort zieht die Verkäuferin dem Frieder den Halbschuh vom Fuß und zieht ihm einen braunen Stiefel an. Der ist noch brauner als der Halbschuh.
Frieder stöhnt auf. »Die drücken, Oma«, wispert er zur Oma hin. »Ich will lieber weiße Stiefel.«
Drücken ist ungesund. Da kriegt man schiefe Füße davon. Das weiß der Frieder. Das weiß auch die Oma.
»Du, Oma«, flüstert der Frieder, »alle braunen Schuhe drücken. Bestimmt!«
Es nützt nichts. Die Oma schüttelt den Kopf und die Verkäuferin steckt unermüdlich braune Stiefel an Frieders Füße. Stiefel in Hellbraun, in Dunkelbraun und Mittelbraun und in Schokoladenbraun. Einer brauner als der andere.
Frieder stöhnt bei jedem Schuh: »Die drücken, aua, aua!«
»So was«, sagt die Oma, »das kann ich gar nicht glauben.«
Die Verkäuferin hat Schweiß auf der Stirn und schleppt noch mehr braune Schuhe herbei. Diesmal eine Nummer größer.
»Viel zu groß!«, beschwert sich der Frieder. »Oma, ich kann damit nicht hopsen!« Und zur Probe tut er einen hohen Hops und fällt hin. Der Oma vor die Füße. Es hat überhaupt nicht wehgetan. Aber Frieder bleibt lieber liegen. Er quetscht ein paar Tränen hervor und reibt jammernd sein Knie. Das rechte.
»Bub, steh auf, hast du dir wehgetan?«, fragt ängstlich die Oma und zieht den Frieder hoch.
Der schaut die Oma nicht an, der schaut anklagend auf den

braunen Stiefel an seinem linken Fuß und zwinkert mit den Augen, damit die Tränen richtig rollen. Sie rollen nicht.
Die Oma seufzt tief auf und zur Verkäuferin sagt sie: »Dann bringen Sie halt weiße Stiefel. Zur Probe.«
Frieder horcht auf. Na endlich! Die Verkäuferin saust los und bringt weiße Stiefel. Wunderschöne weiße Stiefel mit silbernen Sternen rechts und links. Herrlich! Frieder staunt und Frieder strahlt. Das sind sie. Genau die, die er sich immer gewünscht hat. Die passen, ganz bestimmt. Weiße Stiefel mit silbernen Sternen passen immer!
Frieder schluckt und hält den Atem an, als die Verkäuferin ihm die Stiefel überzieht. Weich sind die, die silbernen Sterne glitzern … keine Frage, das sind die allerschönsten Schuhe.
»Oma«, flüstert der Frieder, »die passen. Die nehmen wir!«
»In Braun!«, sagt die Oma zur Verkäuferin. »Genau die, in Braun. Wegen dem Dreck. Haben Sie die da?«
Frieder hofft Nein, aber die Verkäuferin nickt Ja und bringt die gleichen Stiefel. In Braun. Und ohne silberne Sterne. Ehe Frieder was sagen kann, hat sie die herrlichen Silbersternstiefel von seinen Füßen gezogen, und schon hat Frieder langweilige braune dran. Und ehe Frieder sich wehren kann, packt die Oma seine Füße, befühlt seine Zehen durch die Stiefel durch, nickt zufrieden und sagt: »Das sind aber mal vernünftige Schuh'! Die nehmen wir.«
Da springt Frieder auf und schreit los: »Die will ich aber nicht. Ich will keine vernünftigen Schuhe. Da sind ja überhaupt keine Sterne drauf!« Er reißt sich die Stiefel von den Füßen und schmeißt sie quer durch den Laden und plärrt los: »Und überhaupt, ich will überhaupt keine Schuhe! Nie

mehr!« Und laut heult er los und heulend rennt er aus dem Laden. In Socken. Grad recht so. Heulend und schniefend rennt der Frieder die Straße lang. Und vor der Haustür hockt er sich auf die Treppe, heult vor sich hin und wartet auf die Oma.

Die Treppe ist kalt, er spürt's durch seinen Hosenboden durch. Macht nichts. Grad recht so. Sicher wird er krank. Sehr schlimm krank. Geschieht der Oma recht. Wenn sie auch immer so blöde braune Schuhe kauft. Wo er doch viel lieber die weißen Stiefel haben will, die mit den silbernen Sternen. Aber die Oma kauft braune, die schon. Nie kriegt er das, was er will, nie! Frieder bohrt die Fäuste in die Augen und schluchzt laut auf und hockt und wartet. Und die Oma kommt ewig nicht.

Endlich kommt sie aber doch. Aber Frieder spricht nicht mit ihr. Kein Wort. Die Oma sagt auch nichts. Sie sperrt die Tür auf und wütend stapft der Frieder hinter ihr die Treppe hoch.

Oben, in der Küche, dreht sich die Oma zu ihm hin und sagt: »Zieh Schuhe an, Bub! Du sollst doch nicht barfuß laufen bei der Kälte, wie oft soll ich das noch sagen!«

Frieder steht und schweigt und starrt auf seine Sockenfüße.

»Bub«, sagt die Oma noch mal, »zieh Schuhe an. Du wirst mir ja krank.«

Klar wird er krank. Und wie. Die Oma ist selber schuld. Frieder steht und schweigt und tut sich selber furchtbar leid.

»Bub«, mahnt die Oma geduldig, »Schuhe anziehen! Zieh halt die neuen Schuhe an. Mir zur Freude, ja?«

Die neuen Schuhe anziehen? Die blöden braunen Stiefel? Nie

und nimmer. Frieder denkt gar nicht dran. Die kann die Oma selber anziehen!
Frieder bleibt stocksteif stehen und schaut auch nicht hin, als die Oma mit Papier raschelt. Die Oma packt aus. Sie packt lange aus. Sie raschelt laut mit dem Papier. Und dann schaut der Frieder doch hin. Weil nämlich die Oma dauernd mit was Weißem vor seiner Nase wedelt.
Mit was Weißem? Die neuen blöden Stiefel sind doch braun, oder? Sie sind es nicht! Sie sind weiß! Frieder reißt die Augen weit auf, da kniet schon die Oma vor ihm, hebt seinen Fuß, den rechten, und zieht einen Stiefel drüber. Hebt seinen Fuß, den linken, und zieht einen Stiefel drüber. Und die Stiefel sind weiß. Alle beide. Und silberne Sterne glitzern. Frieder seufzt tief auf, starrt auf seine weißen Glitzerstern-Stiefelfüße und flüstert: »Mensch, Oma!«
»Ich hab gedacht, die passen halt doch am besten«, sagt die Oma und grinst.
»Juchhu!«, schreit der Frieder und tut einen gewaltigen Hops, genau vor Omas Nase. Diesmal fällt er nicht hin. In weißen Stiefeln kann man gar nicht fallen.
Er lacht und strahlt und spaziert um die Oma herum, linksherum und rechtsherum. Und dann hockt er sich zur Oma auf den Boden, streichelt die Stiefel, seine schönen, weißen Stiefel, und streichelt die Oma, seine liebe, liebste Oma.
Bis die schließlich aufsteht, sich stöhnend den Rücken reibt und einen heißen Pfefferminztee aufbrüht. »Gegen Schnupfen, Barfußlauser du«, sagt sie und grinst.
Frieder holt die Zuckerdose und schmeißt sechs Zuckerstücke in Omas Tee und sagt: »Weil du meine liebe Weiße-Stiefel-Glitzerstern-Schuhkauf-Oma bist!«

»Ausnahmsweise«, sagt die Oma und deckt den Frieder und die Stiefel zu.

Und dann sitzen Oma und Frieder am Küchentisch, trinken Tee und reden den ganzen Nachmittag lang über die neuen Schuhe. Und als Frieder schlafen gehen muss, da geht er schlafen … mit den Stiefeln an seinen Füßen.
»Ausnahmsweise«, sagt die Oma und deckt den Frieder und die Stiefel zu.
»Ausnahmsweise«, grinst der Frieder und schläft zufrieden ein.

Räuber

»Oma!«, schreit der Frieder und zupft an Omas Rock. »Oma, ich mag jetzt mal ein Räuber sein.«
»Ja lässt du mich gleich los, Rotzbub!«, zetert die Oma. »Jetzt spiel du schön. Eins rechts, eins links, eins über Kreuz.« Die Oma sitzt in der Küche und strickt. Der Pullover ist bald fertig.
»Aber Oma!«, schreit der Frieder, »Räuber spielen doch nicht! Die räubern doch!« Mit einem Sprung ist er bei der Oma und zieht ihr blitzgeschwind eine Stricknadel aus der Strickerei. Und flitzt damit ab ins Kinderzimmer. Blitzgeschwind.
»Ja spinnst du jetzt?«, schreit die Oma hinterher. »Her mit der Nadel, Lauser!«
»Bin kein Lauser, bin ein Räuber!«, brüllt der Frieder vergnügt zurück und haut die Stricknadel auf den Tisch, dass es scheppert. Die ist jetzt sein Schatz. Sein Räuberschatz. Räuber räubern Schätze und verstecken sie. So steht's im Bilderbuch. Räuberschätze glitzern, die Stricknadel glitzert auch. Ein toller Räuberglitzerschatz. Und den muss er jetzt verstecken. Frieder schaut sich um. Das Bett! Das Bett ist ein prima Versteck. Frieder grinst und steckt die Stricknadel unters Kopfkissen. So! Jetzt ist sie weggeräubert und nie und nimmer findet sie die Oma. Frieder klopft das Kopfkissen schön glatt und setzt den Teddy drauf. Der bewacht jetzt den Räuberschatz. Und er muss noch mehr räubern, noch viel mehr… aber erst mal muss er aufs Klo. Frieder saust los … und als er

zurückkommt, da sieht er mit einem Blick: Der Teddy ist weg. Der hat doch eben noch auf dem Kopfkissen gesessen. Da, wo die Stricknadel drunterliegt.
Die Stricknadel ist da. Der Teddy ist weg. Wo ist er denn? Frieder sucht im Kinderzimmer. Da ist kein Teddy. Nicht im Regal, nicht bei den Legosteinen, nicht bei den Bauklötzen, im Schrank ist er nicht. Und auf dem Schrank auch nicht. Und auch nicht unter dem Teppich. Vielleicht ist er aus dem Fenster gehüpft? Frieder schaut raus … Da ist bloß die Straße, und da sind Leute und Autos und Hunde … und kein Teddy. Weit und breit. Aber wo ist er dann?
»Oma!«, schreit der Frieder und rennt zur Oma in die Küche. »Oma, mein Teddy ist weg. Hast du ihn gesehen?«
»Ach wo«, sagt die Oma und beschaut ihr Strickzeug auf dem Schoß, »der wird wohl weggeräubert sein. Hier gibt es nämlich Räuber.«
»Bloß einen«, sagt der Frieder, »und der bin doch ich, Oma!«
»Ja, so«, sagt die Oma und grinst, »dann hast du ihn wohl selber weggeraubt.«
»Bin doch nicht blöd«, sagt der Frieder und schluckt. Sein Teddy! Den braucht er doch. Ohne Teddy kann er doch nicht schlafen. Nie! Der Teddy muss wieder her. Sofort! Und Frieder sucht in der Küche. Vor Omas Sessel, hinter Omas Sessel. Und unter Omas Sessel. Kein Teddy, nirgends.
»Oma, hilf suchen«, fleht der Frieder und schaut auch noch im Kühlschrank nach.
»Ich werd mich hüten«, sagt die Oma und bleibt sitzen. Seelenruhig.
Der Frieder flitzt ins Bad. Und sucht. In der Badewanne. Kein Teddy. In der Kloschüssel. Kein Teddy. In der Waschmaschine.

»Oma, hilf suchen«, fleht der Frieder.

Kein Teddy. Aber im Schmutzwäschekorb! Da hängt was Braunes raus, braun wie ein Teddyohr. Frieder stürzt hin und zieht … und zieht an seinem roten Socken, der war mal rot, jetzt ist er braun. Schmutzbraun …

Frieder lässt den Socken fallen. Und steht und schaut und schluckt … der Teddy ist verschwunden. Spurlos. Frieder überlegt … und plötzlich ist ihm alles klar! Es gibt hier noch einen Räuber! Einen echten. Der hat den Teddy geraubt, als er grad auf dem Klo war! Dann hat er sich versteckt, in Omas Bett, und da wartet er heimlich ab. Und dann macht er einen Überfall. Mit einer Pistole oder drei. Und rollt dazu die Augen und brüllt laut: »Her mit dem Leben, piff, paff!« So steht's im Bilderbuch. Genau so! Jetzt weiß der Frieder alles.

Wie der Blitz saust er in die Küche, kriecht unter den Küchentisch und wispert aufgeregt zur Oma hin: »Oma, versteck dich! Schnell! Hier ist ein Räuber! In deinem Bett!«

»Da soll der raus«, sagt die Oma und wickelt Wolle auf. Seelenruhig. »In meinem Bett, da schlaf nur ich. Und manchmal du!«

»Aber Oma!«, wispert der Frieder unterm Küchentisch. »Der Räuber hat Pistolen! Zwei oder sieben!«

»Ja, was nicht gar«, sagt die Oma und schwingt drohend ein Wollknäuel. »Der Räuber soll nur kommen! Den hau ich windelweich!«

Dem Frieder wird ganz heiß. Die Oma fürchtet sich nicht! Sie sitzt da, ganz seelenruhig. Und sicher schleicht gleich der Räuber heran, schleicht immer näher …

Dem Frieder steht der Schweiß auf der Stirn.

»Oma«, flüstert er, »Oma, der Räuber will doch das Leben!«

»Was will der?«, fragt die Oma und sitzt noch immer, seelen-

ruhig. »Das Leben? Der hat doch schon meine Stricknadel, was will der denn noch?«
Der Frieder unterm Küchentisch ist der Verzweiflung nahe. »Aber Oma«, fleht er, »Oma, das mit der Stricknadel, das war doch ich! Das mit dem Teddy, das war der Räuber!«
»Ja richtig«, sagt die Oma und hat kein bisschen Angst. »Ja richtig! Das hab ich ganz vergessen. Eine alte Frau ist doch kein D-Zug.«
Und plötzlich brüllt sie: »Ha!« Ganz laut. »Ich hab ihn!«
Den Räuber! Die Oma hat den Räuber! Oder hat der Räuber die Oma? Frieder hält den Atem an und schaut vorsichtig, ganz vorsichtig unterm Küchentisch hervor.
Da steht die Oma, und weit und breit kein Räuber. Nur die Oma. Mit seinem Teddy in der Hand.
»Den hat mir der Räuber doch glattweg unter den Po geräubert«, ruft sie und wedelt mit dem Teddy. »Jetzt ist er leider platt!«
Der Frieder hockt unterm Küchentisch. Und staunt. Und endlich begreift er. Und wie!
»Mensch, Oma!«, sagt er vorwurfsvoll. »Mensch, Oma! Du hast mir meinen Teddy geklaut!«
»Wie du mir, so ich dir«, sagt die Oma und grinst. »Und du hast mir meine Stricknadel geklaut. Jetzt bring sie her, sofort!«
Frieder schnauft und krabbelt raus und holt sie. Sofort.
»Aber mein Teddy, der ist platt!«, sagt er und greift nach dem platt gesessenen Teddy.
»Aber meine Nadel, die ist krumm«, sagt die Oma und greift nach der verbogenen Stricknadel.
»Na ja, Räuber sind halt so«, grinst der Frieder und nimmt die Nadel und biegt daran herum.

»Na ja, Räuber sind halt so«, grinst die Oma und nimmt den Teddy und pufft an ihm herum.
Und Oma und Frieder puffen und biegen, bis der Teddy nur noch zwei Dellen hat. Und die Stricknadel einen Knick.
»Hauptsache, die Räuber sind weg!«, sagt die Oma und gibt dem Frieder einen Schmatz.
»Hauptsache, der Teddy ist wieder da«, sagt der Frieder. Und gibt auch einen Schmatz. Dem Teddy. Auf die eingedellte Nase.

Eis holen

»Oma!«, schreit der Frieder und zupft an Omas Rock. »Oma, mir ist so heiß! Mach was!«
»Ja, lässt du mich gleich los, Rotzbub!«, zetert die Oma. »Was glaubst du denn, was mir ist?«
Die Oma liegt im Garten im Liegestuhl und hat ein Taschentuch auf dem Kopf. Wegen der Sonne. Die brennt vom Himmel. Ein knallheißer Sommertag. Und Frieder schwitzt sich beinahe kaputt.
»Oma«, jammert der Frieder und Schweiß tropft auf seine Nase, »Oma, kauf mir ein Eis. Eis hilft!«
»Ich rühr mich nicht vom Fleck«, sagt die Oma und wischt sich die Stirn. »Ist viel zu heiß, und damit Schluss.« Die Oma klappt die Augen zu, grunzt tief und schläft ein.
Frieder steht daneben und schwitzt und ärgert sich. Wie kann man denn bloß schlafen bei der Hitze? Die Oma, die kann. Er nicht. Er möchte jetzt ein Eis, ein kaltes, süßes.
»Wenn ich kein Eis krieg, dann verschwitze ich, bestimmt«, murrt der Frieder. Er murrt nur leise. Eine schlafende Oma darf er nicht stören. Aber eine schlafende Oma kauft auch kein Eis … Frieder seufzt tief auf und denkt sehnsüchtig an Eis. Riesenwaffeltüteneis. Riesig groß und himbeerrot. Oder waldmeistergrün. Oder vanillegelb. Oder alles zusammen.
Dem Frieder läuft die Spucke im Mund und der Schweiß von der Stirn. Der Frieder stöhnt tief auf … und plötzlich hat er eine Idee. Er kauft das Eis eben selber. So! Er ist ja schon groß,

er kann schon lange selber kaufen. Geld hat er keins. Das Sparschwein steht zu Hause, im Kinderzimmer. Macht nichts. Der Eismann borgt ihm sicher ein Eis. Er will ja bloß ein kleines. Und der Oma bringt er auch eins mit. Als Überraschung. Da wird die aber staunen. Frieder freut sich und Frieder schleicht los. Auf Zehenspitzen zur Gartentür.
Der Eismann steht da vorne an der Straße. Das weiß der Frieder. Da hat er ihn gesehen. Bloß, wo genau da vorne, das weiß der Frieder nicht. Macht nichts. Er findet ihn, bestimmt. Leise schlüpft der Frieder aus dem Garten und ist schon auf der Straße. So leicht geht das. Die Straße liegt verlassen … keine Autos, keine Menschen. Bloß Häuser. Und kein Eismann. Frieder schaut nach rechts und Frieder schaut nach links.
»Links«, sagt der Frieder und marschiert los. Nach rechts. Marschiert die lange, stille Straße runter. Kein Auto, keine Menschen, und kein Eismann. Macht nichts. Die Stadt hat viele Straßen. Und irgendwo steht der Eismann. Bestimmt. Frieder biegt um eine Ecke … Jetzt, da … der Eismann. Kein Eismann. Nur eine Straße, lang und still. Und heiß … Tapfer marschiert der Frieder los, marschiert schneller. Der Eismann, der muss doch gleich kommen, da hinten, an der Ecke. An der Ecke gibt's bloß Ecke, Häuser, Straße … lang und still. Frieder steht und schnauft und schaut … Schweiß kitzelt ihn am Bauch. Schweiß tropft in seine Ohren. Und niemand ist da, den er höflich fragen könnte: »Wo, bitte sehr, geht's denn hier zum Eismann, bitte schön?«
»Ich frag einfach die Oma«, beschließt der Frieder. »Ich geh zurück.« Und Frieder macht kehrt und wandert die Straße wieder rauf. Da sind da plötzlich zwei Ecken. Und vier Straßen, nach links und nach rechts, und nach oben zu und

nach unten runter. Frieder dreht den Kopf, beinahe im Kreis. Wohin muss er denn jetzt gehen? Wo ist der Garten und die Oma? »Links«, sagt der Frieder und marschiert nach rechts. Rennt. Rennt immer schneller. Das Hemd klebt ihm am Bauch. Die Zunge brennt im Mund. Die Beine werden müde. Und der Garten und die Oma drin, die wollen nicht kommen.

»Falsch«, keucht der Frieder und macht kehrt. Rennt wieder zurück. Da ist es auch falsch. Sehr sogar. Alle Straßen sind falsch. Besonders die. Frieder macht kehrt und rennt wieder nach vorne. Rennt, wischt Schweiß und schaut und sieht, was er schon dauernd sieht: lange, stille, falsche Straßen. Straßen weit und Straßen schmal, und nirgendwo der Garten und nirgendwo die Oma. Da weiß der Frieder, was er schon lange weiß: Jetzt hat er sich verlaufen. Er findet nie mehr heim. Der Garten ist weg. Die Oma ist weg. Und er muss laufen und suchen, laufen und suchen, durch falsche, heiße, stille Straßen, immerzu … Er ist verloren gegangen und nie mehr kommt er heim.

»Oma!«, schreit der Frieder. So laut er kann. Und saust im Zickzack über die Straße.

»Oma«, schluchzt der Frieder. »Ich will zu meiner Oma.« Tränen tropfen über seine Backen, Schweiß tropft auch. Und blind vor Tränen und Schweiß stolpert der Frieder, stolpert Kopf voran … stolpert in was Weiches. Und Nasses, Kaltes tropft auf seinen Kopf.

Frieder umklammert das Weiche, ganz fest, und wimmert leise: »Ich will zu meiner Oma!«

»Das will ich doch schwer hoffen«, sagt das Weiche. »Ausreißlauser du!«

Und ein nasser, kalter Tropfen fällt auf Frieders Nase. Frieder reißt die Augen auf, ganz weit … und schaut in ein knallrotes Oma-Gesicht. Die Oma! Da ist sie ja! Und wie! Sofort zetert sie los: »Ja spinnst du jetzt? Reißt der doch einfach aus. Und ich hetz mir bei der Hitz' die Seele aus dem Leib! Das machst du mir nicht noch mal. Da kann man ja einen Hitzschlag kriegen! Und einen Herzschlag noch dazu!«

»Ich hab doch bloß Eis kaufen wollen, Oma«, flüstert der Frieder und hält die Oma fest. Ganz fest.

»Schon passiert«, sagt die Oma und hält zwei Waffeltüten hoch. Trübe läuft da ein rosa Bächlein runter und tropft dem Frieder ins Gesicht. »Weil ich dich hab suchen müssen«, sagt die Oma vorwurfsvoll und wischt dem Frieder die Backen sauber. Von Eis und Tränen und Schweiß.

»Mensch, Oma«, sagt der Frieder und seufzt tief auf und packt fest Omas Hand. »Mensch, Oma, ich hab so einen Schrecken gehabt.«

»Und ich erst«, sagt die Oma. »Ich brauch jetzt gleich ein neues Eis. Das neue Eis, das zahlst jetzt du. Vom Sparschwein. Strafe muss sein.«

Der Frieder schluckt, der Frieder schnieft, der Frieder strahlt und nickt.

Und Hand in Hand marschieren Oma und Frieder zum Eismann. Der steht da, wo er immer steht. Links am Garten um die Ecke. Da kauft die Oma Eis.

»Zweimal Großes für den Schreck«, sagt sie. »Himbeer, Waldmeister, Vanille und Schokolade doppelt. Das Sparschwein zahlt und ich leg's aus.«

Der Frieder grinst und nickt und schleckt. Und er schwitzt nur noch ein bisschen. Vom Schreck und von der Hitze. Die

»Himbeer, Waldmeister, Vanille und Schokolade doppelt.«

Oma-Hand, die hält er fest. Er schleckt mit links. Nein, rechts. Oder links? Ist auch egal. Der Eismann ist ja da. Und mit ihm das Eis. Und besonders die Oma.

Im Schrank

»Oma!«, schreit der Frieder und zupft an Omas Rock. »Oma, ich mag dich mal ärgern!«
»Ja lässt du mich gleich los, Rotzbub!«, zetert die Oma. »Und nimm die Finger aus der Schüssel, wie oft soll ich das noch sagen!« Sie steht in der Küche und rührt Kuchenteig. Schön gelb ist der und Frieder hat die Hände drin. Beide.
Er schleckt sie ab und grinst die Oma an: »Du, Oma, hast du dich jetzt geärgert?«
»Es geht«, sagt die Oma und rührt fleißig weiter. »Teigschüsselschlecker du.« Geärgert sieht die Oma nicht aus, das kann der Frieder deutlich sehen.
Frieder seufzt und überlegt. Wo er doch so Lust hat, die Oma zu ärgern. Einfach so. Nichts fällt ihm ein. Oder doch. Frieder grinst in sich hinein und zupft die Oma wieder am Rock.
»Du, Oma«, sagt er, »warum bist du denn so alt?«
»Dafür kann ich nix«, sagt die Oma und rührt ungerührt im Teig. »Alt wird man von selber. Du auch!«
»Gar nicht!«, schreit der Frieder und springt um die Oma herum und brüllt dazu in den höchsten Tönen: »Alte Wackeloma, alte Wackeloma!«
»Rotzbub!«, ruft die Oma und rührt jetzt wütend im Teig. »Gleich bist du still, sonst setzt's was! Dafür bin ich noch nicht zu alt, dass du's nur weißt.«
»Doch zu alt«, kreischt der Frieder vergnügt, »du bist eine uralte Prügel-Oma!«

»Das sag noch mal!«, schreit die Oma und schwenkt zornig den Teiglöffel.
Da flitzt der Frieder ab, in sein Kinderzimmer. Und im Abflitzen brüllt er noch ganz laut: »Ich geh jetzt weg, dass du's nur weißt. Ich such mir eine neue Oma. Eine junge!« Und damit haut er fest die Kinderzimmertür zu. Grinst und schnauft. Geschafft. Die Oma ärgert sich! Und er muss jetzt verschwinden. Damit die Oma denkt, er ist weg. Die neue Oma suchen, die junge. Er sucht sie ja nicht in echt. Bloß so, aus Spaß.
Frieder schaut sich um im Kinderzimmer ... und ist mit einem Hops im Kinderzimmerschrank. Da macht er es sich auf seinen Pullis bequem. Dunkel ist's im Schrank. Die Luft riecht auch nicht gut. Macht nichts. Hauptsache, er ist weg und die Oma sucht ihn dann und findet ihn nicht und ärgert sich noch mehr.
Frieder grinst und hockt im dunklen Schrank und wartet. Eine ganze Weile. Er sieht nichts, er hört nichts ... doch. Die Oma. Sie ruft: »Bub, Frieder, herkommen. Teigschüssel schlecken, der Kuchen ist bald fertig.«
»Schleck selber, Oma«, murmelt der Frieder und kichert und hockt still. Tut keinen Mucks.
»Bub«, schreit die Oma, »du bist ja so still! Ist dir was passiert?« Ihre Stimme klingt gar nicht wie Ärger. Ihre Stimme klingt so mehr nach Angst, das kann der Frieder deutlich hören. Angst soll die Oma nicht haben. Bloß Ärger.
Und Frieder brüllt laut im dumpfen Schrank: »Ist nix passiert, Oma! Ich bin bloß weg.«
»Was bist du?«, schreit die Oma zurück.
»Weg!«, brüllt der Frieder, so laut er kann. »Eine neue Oma suchen, wie oft soll ich das noch sagen!«

Da ist die Oma still. Frieder horcht und wartet. Was macht die Oma denn? Sie muss ihn doch jetzt suchen … Frieder schaut durchs Schlüsselloch … Da steht die Oma. Mitten im Zimmer. Frieder kann es deutlich sehen. Er hält den Atem an und auch noch die Hände vor den Mund. Die Oma sucht. Und weiß nicht, wo er ist. Hurra! Sie steht und schaut. Und wie sie da so steht und schaut, da hat sie ganz viele Falten im Gesicht. Sieben oder hundert. Da sieht sie aus wie eine ganz, ganz alte Oma. Wie eine Oma, die traurig ist … Dem Frieder wird ganz komisch.

Jetzt setzt sie sich auf sein Bett, seufzt tief und nimmt den Teddy auf den Schoß. So, wie sie sonst den Frieder auf den Schoß nimmt.

»Teddy«, sagt die Oma und wiegt den Teddy hin und her, »Teddy, der Bub, jetzt ist er weg. Der sucht sich eine neue Oma, hat er gesagt.«

Der Teddy wackelt auf ihrem Schoß. Der Frieder horcht im Schrank.

»Er hat ja recht, der Bub«, flüstert die Oma, »ich bin ja wirklich alt. Bin nimmer so flink wie früher.« Sie wischt sich übers Gesicht.

Dem Frieder wird im Schrank ganz heiß … Wie müd die Oma aussieht …

Sie schweigt und streichelt den Teddy und plötzlich sagt sie ganz laut: »Aber geprügelt hab ich den Bub noch nie! Und wenn der noch mal Prügel-Oma zu mir sagt, dann hau ich ihm den Popo voll.«

Der Teddy brummt ein langes, tiefes »Brummm«, weil ihn die Oma geschüttelt hat.

Frieder im Schrank schluckt und schluckt … am liebsten

Da reißt die Oma die Schranktür auf.

hätte er mitgebrummt oder ein bisschen geheult oder so was … Die Oma sitzt so alleine da. Bloß mit dem Teddy und sonst nichts.

»Teddy«, wispert die Oma dem Teddy ins Ohr, »Teddy, ob der Bub wohl weiß, wie lieb ich ihn hab? Jetzt ist er weg, der Bub. Jetzt haben wir nur noch uns, gell, Teddy?«

Da wird dem Frieder im Schrank ganz anders. Da steigt das Schlucken in seine Kehle. Da schluckt es raus, aus Mund und Nase … Die arme Oma! Der arme Teddy! Und er ist auch so arm! Allein im Schrank und weit weg in der Welt … Frieder hockt im Schrank und heult. Ganz leise und ganz jämmerlich.

Da reißt die Oma die Schranktür auf und Frieder stolpert raus, genau in ihre Arme.

»Oma«, schluchzt er, »Oma, ich bin doch hier! Und lieb hab ich dich auch!« Und er heult der Oma den Busen nass und dem Teddy den Bauch.

»Herzensbub!«, sagt die Oma. »Da bin ich aber froh!« Und sie wischt Tränen weg. Dem Frieder vom Gesicht und dem Teddy vom Bauch. Und gibt den beiden einen Schmatz. Dem Frieder auf die Backe und dem Teddy auf die Nase.

Frieder schluckt und Frieder grinst. Und dann marschieren alle in die Küche. Teddy links an Omas Hand, Frieder rechts an Omas Hand. Und gemeinsam schlecken sie die Teigschüssel aus. Der Frieder mit der Zunge, die Oma mit beiden Händen, der Teddy mit der Nase.

Und wer kriegt diesmal Bauchweh? Der Teddy! Weil der das Teigschlecken nicht gewöhnt ist …

Wach bleiben

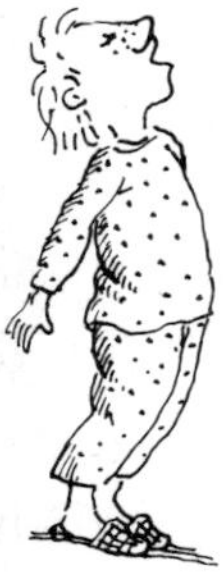

»Oma!«, schreit der Frieder und zupft an Omas Rock. »Oma, heut geh ich nicht schlafen! Noch lange nicht. Und überhaupt nicht!«

»Ja lässt du mich gleich los, Rotzbub!«, zetert die Oma. »Und komm mir nicht mit so was! In der Nacht schläft der Mensch. Marsch, ab ins Bett, und damit Schluss!«

»Wenn ich doch aber gar nicht müde bin, Oma«, jammert der Frieder und hopst im Schlafanzug vor der Oma auf und ab. »Ich mag mal aufbleiben. Ganz lange!« Und weil die Oma streng schaut, setzt er noch »bitte, liebe Oma« hinzu. Es wirkt nicht. Die Oma schaut noch strenger.

»Du hast ja schon ganz kleine Augen, die hat der Sandmann klein gestreut«, sagt sie und will nach dem Frieder greifen.

»Gar nicht«, schreit der und hüpft schnell weg und reißt die Augen sperrangelweit auf. Damit die Oma auch ja sieht, wie groß und wach seine Augen noch sind. »Der Sandmann kommt heute später, oder aber überhaupt nicht«, ruft er und grinst die Oma an.

Die Oma seufzt tief auf, greift nach der Brille und dem Märchenbuch und sagt: »Na schön, noch zehn Minuten.«

Frieder hockt sich an den Küchentisch und beschließt, hier bleibt er hocken. Die ganze Nacht lang.

Die Oma liest vor. Rotkäppchen. Das ist Frieders Lieblingsmärchen, er kennt es gut. Und eifrig spricht er mit, Satz für Satz. Wie das Rotkäppchen die Oma besuchen geht und wie es Blumen pflückt für die Oma, weil die doch krank ist und Blumen und Kuchen und Wein zur Stärkung kriegen muss. Und wie dann der grausliche Wolf kommt und so freundlich tut und dann ganz gemein ist und die Oma schluckt, ehe sie Wein und Kuchen und Blumen und Besuch vom Rotkäppchen kriegt.

Und wie das Rotkäppchen gar nicht merkt, dass da im Bett in der Nachthaube gar nicht die Oma liegt, sondern der böse Wolf.

»Ich hätte das gleich gemerkt«, denkt der Frieder, »weil meine Oma auf jeden Fall anders aussieht als der böse Wolf, auch im Bett.« Und er stützt den Kopf in die Hände und hört zu und freut sich, dass alles ein gutes Ende nimmt.

Als die Geschichte zu Ende ist, da sind die zehn Minuten längst vorbei.

»Zu Bett, zu Bett«, gähnt die Oma und klappt das Märchenbuch zu. »Es hat der Sandmann angeklopft.«

»Bei mir nicht«, sagt der Frieder. »Ich bleib auf. Das haben wir doch ausgemacht.«

»Das wäre mir neu«, sagt die Oma und gähnt laut. »Ich geh ins Bett, weil, ich bin müd. Mach du, was du willst.«

»Geh nur, Oma«, sagt der Frieder und macht es sich auf dem Küchenstuhl bequem, »ich pass auf dich auf. Damit kein böser Wolf kommt und dich frisst.«

»Wie schön«, sagt die Oma. »Dann gute Nacht.« Sie gibt dem Frieder noch einen Schmatz und geht.

Frieder grinst. Die Oma ist müde. Sie ist halt alt. Aber er bleibt wach. Die ganze Nacht lang. Hier alleine in der Küche. Frieder schiebt den Stuhl ans Fenster. Es schneit in dicken Flocken. Langsam fallen sie durch den dunklen Abend-

schön sieht das aus, so viele dicke Schneeflocken,
eine nach der anderen.

himmel. Immerzu. Schön sieht das aus, so viele dicke Schneeflocken, eine nach der anderen … eine, neun, hundert. Frieder zählt mit. Zählen kann er gut. Schon bis neun und ein bisschen bis hundert. Wenn er bei neun ist, fängt er wieder von vorne an. Frieder zählt und verzählt sich. Die Flocken fallen so dicht, von oben nach unten, von oben nach unten …
Frieder verzählt sich immer öfter. Schneeflocken zählen macht müde … Kalt ist es in der Küche … Schneeflocken zuschauen macht auch müde … Frieders Augen klappen zu. Frieder reißt sie wieder auf. Ganz weit. Er will nicht schlafen. Jetzt nicht und sowieso überhaupt nicht.
Sicher ist es jetzt schon ganz spät. Ganz späte schwarze Nacht. So eine späte Nacht, wo Frieders schlafen und Omas auch. Frieder blinzelt und blinzelt. Und er beschließt: Er erzählt sich was. Beim Erzählen bleibt man wach. Er erzählt sich selber vom Rotkäppchen. Weil er das am besten kann. Und laut fängt er an: »Es war einmal ein kleines Mädchen …« Wie laut seine Stimme in der nachtdunklen Küche klingt. Zum Fürchten laut. Frieder räuspert sich, fängt noch mal an, diesmal leiser, und immer leiser … Er starrt in den nachtschwarzen Winterhimmel und flüstert vor sich hin: »… das Rotkäppchen hat Blumen gepflückt … im Schnee … und Brot und Wein … und dann kam der böse Wolf … der hat auch Blumen gepflückt … im Schnee … und er hat an den Pfoten gefroren … im Schnee … und das Rotkäppchen auch … und dann …«
Frieders Stimme wird immer leiser, die Augen fallen ihm zu. Er rutscht vom Küchenstuhl und murmelt: »… und dann ist die Oma gekommen …«
»Und die bringt dich jetzt ins Bett, Nachtlauser du«, wispert es plötzlich.

Frieder will aufspringen. Der Wolf! Der böse Wolf! Jetzt ist er gekommen! Jetzt will er ihn fressen! Frieder will weglaufen. Ganz schnell. Er kann nicht. Seine Beine sind so müde. »Nicht fressen«, stöhnt er und macht sich ganz klein auf dem kalten, harten Küchenboden. »Bitte, nicht fressen.«
»Nie und immer«, sagt die Oma, hebt den Frieder hoch und trägt ihn in sein Bett.
»Der Wolf ist da und der frisst Omas«, jammert der Frieder und kuschelt sich ganz eng auf den Küchenboden. Der Küchenboden ist plötzlich so weich. Der Küchenboden ist plötzlich sein Bett. Mit dem Teddy drin und der Oma davor.
»Ich pass schon auf«, sagt die Oma und zieht die Decke bis zu Frieders Nasenspitze. »Wenn der Wolf kommt, dann hau ich den windelweich!«
Frieder drückt die Nase in Teddys Bauch und grinst im Schlaf. Seine Oma haut nicht, die haut noch nicht mal Wölfe … aber gut, dass sie da ist. Sie nimmt Frieders Hand, die kalte, und bleibt neben Frieders Bett sitzen, bis der Frieder ganz fest eingeschlafen ist. So fest, dass er sogar den Sandmann verpasst hat. Der böse Wolf ist sowieso nicht gekommen. Weil ihm die Oma Schläge angedroht hat. Oder weil es ihn sowieso nur im Märchen gibt …

Oma und Frieder
Jetzt schreien sie wieder

GUDRUN MEBS

OMA UND FRIEDER

JETZT SCHREIEN SIE WIEDER

Ein rotes Zimmer

»Oma!«, schreit der Frieder und zupft an Omas Rock. »Oma, mein Zimmer ist so langweilig! Ich will ein anderes, jetzt gleich!«

»Ja lässt du mich gleich los, Rotzbub«, zetert die Oma und greift nach ihrem Einkaufsbeutel. »Langweilig! Du hast ein sehr schönes Kinderzimmer, das schönste Zimmer in der ganzen Wohnung, dass du's nur weißt.«

Und damit setzt sich die Oma den Hut auf. Sie geht jetzt gleich einkaufen und Frieder, der bleibt da.

»Aber an der Wand, da ist es so langweilig«, jammert der Frieder und hüpft der Oma vor den Füßen herum. »Das ist so blau, ich will es lieber rot. Weil Rot so schön ist!«

»Blaue Blümchen sind viel schöner«, sagt die Oma und gibt dem Frieder einen Klaps, »weil das gut passt für einen Bub, und damit Schluss!« Die Oma schiebt den Frieder in sein Kinderzimmer, in das mit den blauen Buben-Blümchen, und ruft noch: »Und du bleib brav und spiel schön. Haben wir uns verstanden?«

Schon klappt die Flurtür zu und die Oma ist weg. Frieder steht da und ärgert sich. Blaue Buben-Blümchen sind gar nicht schön, die sind sogar richtig doof, so blau! Wo er doch lieber rote Wände haben möchte, so rot wie rote Himbeermarmelade. Himbeermarmelade schmeckt so gut, die könnte Frieder dauernd essen. Wäre sein Zimmer rot, dann würde es aussehen wie ein riesengroßes Himbeermarmeladenglas. Das wäre toll! Aber die Oma will ja nicht, die findet blaue Buben-Blümchen schöner. Frieder streckt die Zunge raus, hin zur Wand. Aber davon wird sie bestimmt nicht rot, sie bleibt blau geblümt, auch wenn der Frieder dagegen kickt und dazu wütend murmelt: »Doofe Blümchen, doofe Oma!« Die Tapete bleibt, wie sie ist, und die Oma hat es zum Glück nicht gehört. Sie ist ja weg.

Frieder setzt sich auf den Boden und überlegt. Von selber wird die Wand nicht rot, das ist klar. Also muss er was machen, damit die Wände aussehen wie Himbeermarmelade. Rote Farbe muss da drauf. Aber rote Farbe hat er nicht. In seinem Malkasten gibt's kein Rot mehr, das hat der Frieder schon längst alles aufgebraucht, weil Rot doch seine liebste Farbe ist. Aber einen roten Buntstift hat er noch, einen kleinen Stummel. Frieder sucht den Stummelstift und findet ihn auch fast sofort. Frieder freut sich und malt ganz langsam und ganz genau ein kleines blaues Blümchen rot. Schön sieht das aus! Und schnell malt Frieder noch eines rot und noch eines und noch eines. Da bricht der Buntstiftstummel ab und kratzt ein Loch in die Tapete. Doofer Buntstift! Frieder schmeißt den Buntstift auf den Boden. Und überhaupt, es sind ja erst ganz wenige Blümchen rot. Viele, viele muss er malen, vier Wände voll. Das schafft der Buntstift nie und der Frieder auch nicht. Das geht ja furchtbar langsam. Da muss eine richtige Farbe her, eine, die man schmieren kann, weil das viel schneller geht, als einzeln Blümchen malen.

Frieder steht und überlegt. Und plötzlich hat er die Idee! Wenn sein Zimmer aussehen soll wie ein Himbeermarmeladenglas, dann braucht er eben Himbeermarmelade, das ist doch klar! Und die muss an die Wände dran.

Schnell saust der Frieder in die Küche und wühlt im Küchenschrank herum. Da stehen viele Marmeladengläser. Gelbe, süße Pfirsichmarmelade, grüne, saure Stachelbeermarmelade und die rote Himbeermarmelade, die steht ganz hinten. Vorsichtig holt der Frieder alle Gläser raus und stellt sie vorsichtig in einer Reihe auf den Küchenboden. Dann kriecht er in den Küchenschrank und packt zwei Gläser Himbeermarmelade. Zwei braucht er doch bestimmt. Sein Zimmer ist so

groß, das größte in der Wohnung, das hat die Oma selber gesagt. Leider haben seine Füße keine Augen. Und beim Rückwärtskrabbeln, beide Gläser fest im Arm, stößt Frieder an die Marmeladengläserreihe und es macht »klirr« und es duftet plötzlich süß … und drei Gläser sind kaputt.
Aber Frieder saust ins Kinderzimmer und sofort legt er los, holt einen dicken Batzen Marmelade aus dem Glas und klatscht ihn gegen die Wand. Und weil das so gut geht, platscht er gleich noch einen Batzen hinterher. Herrlich! Nun muss er nur noch tüchtig schmieren. Mit beiden Händen geht das gut, und ehe er wieder ins Glas reinlangt, schleckt er sich schnell die Finger sauber, weil das gut schmeckt. Und wieder schmeißt er neue Batzen, diesmal mit beiden Händen, weil's schneller geht, und zwei Marmeladengläser hat er auch. Herrlich! Batzen schmeißen, schmieren, lecken; Batzen schmeißen, schmieren, lecken. Ein großes Stück Wand ist schon ganz voll und rot, und Frieder strahlt! Himbeermarmeladenfarbe an den Wänden, das war die Idee! Da wird die Oma aber staunen. Da sind die beiden Gläser auch schon leer. Frieder flitzt in die Küche und sucht und findet keine. Bloß gelbe Gläser sind noch da und grüne und außerdem gelbgrüner Marmeladenmatsch auf dem Küchenboden, dort,

wo Frieders Füße hingestoßen sind. Auweia. Frieder macht die Augen schnell zu und steigt vorsichtig über den süßen Haufen und macht die Augen wieder auf und rennt in sein Zimmer. Vielleicht ist doch noch ein bisschen rote Marmelade da? Da bleibt er auf der Schwelle stehen und starrt erschrocken auf die Wand. Sein Zimmer sieht plötzlich so anders aus, so verschmiert wie mit Blut! Und dicke Tropfen platschen auf den Boden, wie Blutstropfen aus Frieders Knie, wenn er hingefallen ist.

Das sieht ja scheußlich aus! Ein Zimmer wie voll Blut, das will er lieber nicht. Das will die Oma bestimmt auch nicht! Die Farbe muss wieder ab! Frieder stürzt zur Wand und reibt daran herum und reibt auch noch mit seinem Hemd.

Die Marmelade geht nicht ab! Sie klebt, rot und verschmiert, nun auch noch auf Frieders Hemd. »Schlecken muss ich«, denkt der Frieder. »Mit Schlecken kriegt man alles ab!« Und Frieder schleckt los, die Wand rauf, die Wand runter, die Wand nach rechts und auch nach links. Es schmeckt grässlich süß. Tapfer schleckt der Frieder weiter und Schweiß steht ihm auf der Stirn und in seinem Bauch rumpelt es.

Da steht die Oma in der Tür, schlägt die Hände über dem Kopf zusammen und zetert los: »Ja bist du denn vom wilden Watz gebissen? Da steht der Bub und schleckt die Wände ab! Ich glaub, ich seh nicht recht!«

»Doch, Oma«, nickt der Frieder trübe und hält die Hände auf den Bauch. »Oma, mir ist schlecht.«

»Ich bin zwar eine alte Frau, aber blind bin ich nicht!«, sagt die Oma. »Schmierfink, du lausriger!« Sie tippt mit dem Finger an die Wand und leckt am Finger und kreischt auf: »Ha! Marmelade!«

»Himbeermarmelade, Oma«, flüstert der Frieder und dann wird ihm richtig schlecht.

Da sagt die Oma nichts mehr. Sie schleppt den Frieder ins Badezimmer, hält ihm die Stirn beim Spucken und dann setzt sie ihn in schönes, warmes Badewannenwasser. »Himbeermarmelade«, sagt die Oma und schüttelt den Kopf, »die gehört auf den Tisch und nicht an die Wand, dass du's nur weißt!«

Frieder nickt und muss ein bisschen ins Badewannenwasser weinen. »Oma, was machen wir denn jetzt?«, schluchzt er und hält sich an der Oma fest.

»Ich schau mir die Bescherung an und du bleibst in der Wanne!«, sagt die Oma und ist schon aus dem Badezimmer. Aus der Küche kommt ein Schrei. »Ha! Und hier ist auch ein Schweinestall! Kaum ist die Katze aus dem Haus, da tanzen die Mäuse auf dem Tisch!«

»Es tut mir ja so leid, Oma«, flüstert der Frieder.
Da ist die Oma wieder da und hebt ihn aus der Wanne und rubbelt ihn ab und sagt: »Was geschehen ist, ist geschehen, da beißt die Maus keinen Faden ab!« Sie trägt den Frieder in sein Zimmer. Frieder sieht mit einem Blick, da liegen Rollen aus Papier. Viele, mit roten Blümchen drauf!
»Tapeten!«, sagt die Oma und grinst. »Die kleben wir über den Schmierkram drauf. Ich hab dein Zimmer längst schon neu tapezieren wollen. Und rote Blümchen sind so nett!« Und dabei gibt sie dem Frieder einen Schmatz auf die Backe. »Marmeladenschmierer du!« Frieder grinst und Frieder strahlt und wird ein bisschen rot, rot wie Himbeermarmelade. Oder wie rote Blümchen-Tapete.
Und dann haben Oma und Frieder tapeziert, alle Wände, von oben bis unten, den ganzen Tag lang. Und dann musste die Oma in die Badewanne. Weil sie so voll gekleistert war. Von oben bis unten.

In der Wüste

»Oma!«, schreit der Frieder und zupft an Omas Rock. »Oma, wir wollen mal verreisen! In die Wüste, jetzt gleich!«

»Ja lässt du mich gleich los, Rotzbub«, zetert die Oma und packt den Picknickkorb für den Garten. »In die Wüste! Da ist es viel zu heiß, das ist ja ungesund. Im Garten ist es grad so schön.« Und damit deckt sie ein Tuch über den Korb und steckt die Zipfel schön fest.

»Aber in der Wüste ist es schöner«, mault der Frieder. »Nie verreisen wir, gar nie. Blöder Garten.« Aber er mault es nur leise, damit's die Oma nicht hört. Sie liebt den Garten nämlich sehr.

»Warum in die Ferne schweifen, sieh das Glück, es liegt so nah!«, sagt die Oma und nimmt den Korb in eine Hand und den Frieder an die andere und sie marschieren los.

Frieder mault ein bisschen vor sich hin und ganz oft seufzen muss er auch, beinahe den ganzen Weg lang. Im Garten fängt die Oma gleich zu graben an und zu pflanzen, sie gießt und hackt und schnauft dabei. Erdklumpen kleben an ihren Händen und auch an ihrer Nase. Frieder hockt in seinem kleinen Sandkasten und backt lustlos Sandkuchen, zwei, drei Stück. Dann lässt er's wieder. Sandkuchen backen, das ist doch Babykram.

In der Wüste wär es jetzt viel schöner, richtig aufregend wäre es da. Da gibt's bloß Sand und viel, viel mehr als in seinem Sandkasten. Und Kamele gibt es auch. Die heißen Wüstenschiffe, weil sie beim Gehen so wackeln wie Schiffe auf dem Meer. Das hat ihm die Oma erzählt. Hier gibt's bloß Spatzen, die wackeln nicht, die streiten sich laut auf dem Apfelbaum. Aber Bäume gibt es auch in der Wüste. Da heißen sie Palmen und sehen aus wie eine riesengroße Ananas. Groß wie ein Haus. Und Wasser gibt's überhaupt nicht, oder bloß ganz wenig, und man muss lange laufen, bis man überhaupt einen Schluck Wasser findet. Und es kann gut sein, dass man vorher verdursten muss. Das ist so spannend. Und heiß ist es in der Wüste, immerzu.

Hier ist es ja auch heiß, aber eine Wüste ist es nicht. Weit und breit kein Kamel und Ananas-Palmen auch nicht. Wasser ist genug in der Regentonne und Sand bloß so wenig im Sandkasten. Frieder seufzt tief auf. Jetzt in der Wüste sein, das wär so schön! Aber die Oma will ja nicht, die ist ja lieber im Garten. Frieder seufzt ein zweites Mal. Dann hat er eine Idee! Er macht sich eben selber eine Wüste, das geht doch leicht. Da muss bloß der Sand aus dem Sandkasten raus und schön verteilt auf den Beeten liegen, ganz weit. Sofort fängt der Frieder an und schaufelt mit seinen Kuchenbackförmchen den Sand raus und schmeißt ihn aufs Salatbeet. Zwei Salatköpfe sind schon ganz zugedeckt mit Sand. Aber die Förmchen sind so klein, das dauert ja ewig, bis der Sandkasten leer ist. Besser geht es mit den Händen. Frieder schaufelt mächtig los, dass es nur so spritzt. Wie ein Sandsturm fliegt der Sand und deckt die Salatköpfe zu. Herrlich! Frieder wühlt und wirft und kneift dabei die Augen zu, sonst kriegt er ja da Sand hinein. Und eine mächtig große Ladung, die wirft er … auf die Oma! »Ha!«, schreit die auf. »Da schmeißt der Lauser Sand auf seine Oma. Ja spinnst du jetzt?«

Frieder reißt die Augen weit auf und muss laut lachen. Da steht die Oma, voller Sand, und ihre Haare sind ganz gelb.

»Ja bist du denn vom wilden Watz gebissen?«, zetert die Oma und wischt an sich herum. »Da buddelt der doch seinen schönen Sandkasten leer. Und alles auf meine Beete drauf! Ich glaub, ich seh nicht recht!«

»Doch, Oma!«, sagt der Frieder. »Weil, hier soll doch

eine Wüste sein, eine gelbe!« Aber er sieht es schon selber. Schön sieht das nicht aus, der Sand auf dem Salat!

»Und ich bin gleich eine wüste Oma und hau dir den Popo voll, du Sandschmeißer!«, sagt die Oma. »Jetzt geh da raus, der Sand muss wieder rein.«

Frieder nickt und schnauft und krabbelt aus dem Sandkasten. Oma und Frieder kratzen und schaufeln und buddeln, bis vier Häufchen Sand im Sandkasten liegen, so klein wie Maulwurfshügel.

»O Gott, o Gott«, jammert die Oma, »das bringt ja nix!« Frieder schluckt und nickt. Sein Sandkasten sieht so kahl aus. »Oma!«, jammert er. »Was machen wir denn jetzt?«

»Was trinken!«, sagt die Oma und wischt sich die Stirn. »Ich hab mächtigen Durst.« Sie nimmt den Frieder an die Hand und geht mit ihm in die hinterste Gartenecke.

Da liegt eine Tischdecke auf dem Boden, ganz groß und gelb, so gelb wie Wüstensand. Und mitten auf der Decke steht eine Ananas, wie eine echte Palme sieht die aus, und Frieder staunt! Das ist ja wie in der Wüste. Beinah wie in echt.

»Jetzt komm, du Wüstenbub«, sagt die Oma, »sonst muss ich gleich verdursten!« Sie stöhnt tief auf und

Frieder stöhnt laut mit und stöhnend marschieren Oma und Frieder auf die Tischdecke, hin zur Ananas und zu dem Picknickkorb. Da ist nämlich Limonade drin. Und Bananen und Käsesemmeln. Und alles ist gelb. Ein Stückchen Schokolade gibt es auch, das ist aber braun.

»In der Wüste gibt's so was nicht, dass du's nur weißt!«, sagt die Oma und beißt in eine Käsesemmel. »Hier im Garten ist's viel schöner. Und gesünder ist es auch!«

Frieder nickt und grinst und sagt: »Ja, Oma, aber wenn hier noch ein Kamel wäre, Oma, das wär noch schöner. Bitte, liebe Oma!« »Ich bin zwar eine alte Frau, aber ein Kamel bin ich nicht«, sagt die Oma streng, »und wenn du zehnmal ›Bitte‹ sagst!« Da grinst der Frieder noch mehr und sagt beinah ganz genau zehnmal »Bitte«!

Da hat die Oma tief geseufzt und Kamel gespielt, auf allen vieren, und sie hat prächtig dabei geschwankt, wie ein richtiges Wüstenschiff. Und dann hat der Frieder Kamel gespielt, auch auf allen vieren. Aber die Oma, die war wirklich ein viel besseres Kamel!

Ein Geschenk

»Oma!«, schreit der Frieder und zupft an Omas Rock. »Oma, ich mag dir mal was schenken. Was ganz Schönes!«

»Ja lässt du mich gleich los, Rotzbub!«, zetert die Oma und hält ihr Strickzeug in die Höhe und schielt über ihre Brille. »Was Schönes willst du mir schenken? Dann sei recht brav, wie sich das gehört, und reiß nicht dauernd an mir herum. Mir fallen ja die Nadeln aus dem Socken, Lauser du!«

Und schon strickt sie wieder los, eins links, eins rechts. Der Socken sieht schon beinahe aus wie ein richtiger Socken!

»Aber Oma!«, brüllt der Frieder. »Aber Oma! Ich bin kein Lauser, ich bin doch ein Schenker. Und brav bin ich sowieso.« Und Frieder kickt gegen Omas Wollknäuel, dass es durch die Küche hüpft.

»Rotzlöffel!«, kreischt die Oma und bückt sich nach dem Wollknäuel und droht damit dem Frieder. »Von wegen brav! Mit meiner Wolle wird nicht gekickt, haben wir uns verstanden? Und jetzt stör mich nicht, sonst

gibt's eins hintendrauf!« Sie rückt die Brille gerade und zählt verbissen Maschen und schaut nicht auf.
»Kinder haut man nicht«, murmelt der Frieder sauer und ärgert sich. Wo er doch so gerne der Oma ein Geschenk machen möchte, ein schönes! Aber die Oma will ja nicht, die will bloß stricken, einen blöden Socken. Bähh! Frieder streckt auch noch die Zunge raus, die Oma sieht's ja nicht.
Sie sieht es aber doch und zetert los: »Gleich benimmst du dich, wie sich das gehört! Und wenn du noch mal ›bähh‹ zu deiner Oma machst, dann …«
»Hau ich dir den Popo voll!«, schreit der Frieder und flitzt schnell ab in sein Kinderzimmer. Sicher ist sicher. Auch wenn die Oma ihn nie haut, weil man das ja auch gar nicht darf. Aber die Tür haut der Frieder extra fest zu. So! Wenn jetzt der Oma die Nadeln aus dem Socken fallen, dann ist sie selber schuld. Und er macht ihr trotzdem ein Geschenk, jetzt erst recht.
Frieder schaut sich um im Kinderzimmer. Was könnte er denn der Oma schenken?
Eines von seinen bunten Spielzeugautos? Aber die braucht er doch selber, zum Flitzenlassen auf dem Boden. Seinen Teddy? Aber den braucht er auch selber, besonders zum Schlafen. Den Fußball? Vielleicht den Fußball, der ist schon alt und Flecken hat er auch.

Frieder reißt die Tür weit auf und brüllt raus: »Oma, magst du meinen Fußball haben? Den kann ich dir gut schenken. Freust du dich?«
»Es geht«, ruft die Oma zurück. »Eine alte Frau ist doch kein Fußballspieler. Eins links, eins rechts, eins links, eins rechts. Flixnocheins, wann ist der Socken endlich fertig!«
Frieder horcht auf. Seinen Fußball will die Oma nicht, das ist ihm klar, aber einen fertigen Socken will sie. Das hat sie ja selber gesagt. Und da hat der Frieder eine tolle Idee. Er braucht doch bloß den Socken fertig stricken, dann freut sich die Oma. Und es ist ein Geschenk, ein wunderschönes. Aber stricken kann der Frieder nicht. Das hat er noch nie gemacht. Aber zugeschaut, wie die Oma strickt, das hat er schon oft. Stricken geht doch superleicht. Man muss bloß zählen, tüchtig zählen.
Zählen kann der Frieder gut, beinahe bis hundert. Und die Wolle muss man um die Finger wickeln und tüchtig mit den Nadeln klappern, rechts und links und immer abwechselnd, und wo rechts und links ist, das weiß der Frieder längst.
Frieder strahlt und freut sich. Endlich hat er ein Geschenk für die Oma. Ein fertiger Socken freut die Oma viel mehr als so ein alter Fußball.
Aber damit er stricken kann, muss die Oma weg vom

Socken, das ist klar, sonst ist der plötzlich fertig! Er kann die Oma eifrig stricken hören!

Frieder steht und überlegt. Weglocken muss er die Oma, weg vom halb fertigen Socken. Aber wie? Nichts fällt ihm ein, gar nichts … Oder doch? Doch!

»Oma!«, schreit der Frieder und flitzt zur Oma in die Küche. »Oma, ich glaub, du musst ganz dringend mal aufs Klo!« Wenn nämlich die Oma im Badezimmer ist, dann kann er ganz schnell stricken, das ist doch klar.

»Eins links, eins rechts«, murmelt die Oma und schaut nicht auf, »dann geh schön und putz dich ordentlich ab, wie sich das gehört, eins links, eins rechts.«

»Aber Oma, ich muss doch gar nicht!«, fleht der Frieder. »Oma, ich doch nicht, aber du, du musst!«

»Das lass mal meine Sorge sein«, brummt die Oma und steht nicht auf. Sie zählt und strickt und sitzt felsenfest im Sessel in der Küche. Mensch!

»Oma!«, fleht der Frieder noch lauter. »Oma, du musst mal weg, sonst kann ich dir gar kein Geschenk machen!«

»Ja, so«, sagt die Oma und grinst, »ja, wenn das so ist! Jetzt, wo du's sagst, ich glaub, ich muss tatsächlich.«

Und wirklich, sie steht auf und legt das Strickzeug auf den Sessel und ihre Brille daneben und marschiert ins Badezimmer. Frieder ruft ihr noch schnell hinterher:

»Du musst aber ganz lange, gell, Oma?« Die Oma nickt ihm zu und verschwindet. Sofort hüpft Frieder in Omas Sessel, greift nach Omas Brille und setzt sie auf. Die Brille ist zu groß, sie rutscht. Macht nichts. Auf der Nasenspitze bleibt sie hängen. Frieder greift nach dem Strickzeug, jetzt muss er ganz schnell stricken, ewig bleibt die Oma nicht auf dem Klo, das ist klar. Schnell wickelt der Frieder den Wollfaden um seine Hand, zur Sicherheit dreimal. Jetzt muss er die Stricknadeln halten und losklappern und zählen. Da sind aber vier Nadeln! Er braucht doch aber bloß zwei, weil er ja auch bloß zwei Hände hat. Weg mit zwei Nadeln, die zieht er einfach raus aus der Strickerei, das geht ganz leicht, und schmeißt sie auf den Boden. Beim Schmeißen rutscht die Brille von der Nasenspitze und fällt den Nadeln hinterher. Macht nichts, er kann auch ohne Brille, er ist ja keine alte Oma. Jetzt muss er bloß noch zählen, und los geht's. Frieder schnauft und zählt laut: »Eins, zwei, drei, vier, fünf, sechs, sieben, los!« Und sticht zu mit den Stricknadeln, feste hinein in den Socken, und zieht schöne große Wollschlaufen raus, da muss jetzt der Wollfaden durch. Das will der aber nicht, der bleibt festgewickelt um Frieders Hand, sosehr der auch zieht und zerrt und mit den Nadeln danach angelt. Mist! Der Socken wird ja gar nicht größer. Der wird ja sogar immer kleiner! Da, wo Frieder die Nadeln rausgezogen hat, hängen Wollfäden, die will er abrupfen … Da rennen die Wollfäden plötzlich hin und her und machen, dass der Socken schrumpft. Der soll aber nicht schrumpfen, der soll doch wachsen. Frieder zählt, so laut er kann, und sticht heftig mit beiden Nadeln in den Socken, und da … hat er sich ins Bein gestochen. Auch das noch! Da kommt bestimmt gleich Blut. Es tut gleich furchtbar weh. Und der Socken ist nicht fertig, und überhaupt sieht der aus, wie ein Socken nie aussieht, sondern wie was ganz Blödes. Und ein Geschenk für die Oma ist das auf keinen Fall.

Da muss der Frieder furchtbar weinen, die Tränen tropfen auf den Strickhaufen drauf und auf sein gestochenes Bein. Da rauscht die Oma im Badezimmer heftig mit der Klospülung und ruft durch die geschlossene Türe: »Bub, Frieder, kann ich jetzt kommen?«

Da muss der Frieder noch viel lauter weinen, weil sich die Oma so auf das Geschenk freut und nun kriegt sie gar nix, bloß einen kaputten Socken und einen kaputten Frieder. Frieder schluchzt laut auf.

Und da ist plötzlich die Oma da. »Ha!«, kreischt sie auf. »Ja was ist denn jetzt das? Da sitzt der Bub und heult. Ich denk, ich krieg ein Geschenk!«

»Neee, Oma«, wimmert der Frieder und kriegt vor lauter Schluchzen kaum noch Luft. »Oma, schau, ich hab den Socken kaputt gestrickt. Weil ich's doch nicht kann!«

Und er hält der Oma das Sockenknäuel entgegen und wimmert kläglich: »Ich hab den Socken fertig stricken wollen. Als Geschenk, für dich!«

»Ha!«, kreischt die Oma noch mal auf und betrachtet fassungslos den Strickhaufen, aber dann kreischt sie nicht mehr. Sie seufzt tief auf und nimmt den Frieder auf den Schoß und sagt: »Was geschehen ist, ist geschehen, da beißt die Maus keinen Faden ab. Den Socken, den krieg ich schon wieder hin. Hauptsache, Bub, du bist mir heil. Ein heiles Kind ist mir das allerschönste Geschenk!«

Aber da muss der Frieder ganz laut wimmern. Er ist ja gar nicht heil, er ist ja verletzt. Am Bein, wo ihn die Nadel gestochen hat. Das weiß die Oma ja noch gar nicht.

»Oma«, schnauft der Frieder leise und rutscht von Omas Schoß. »Oma, ich bin kein allerschönstes Geschenk, da, schau!« Schnell zieht er seine Hose aus und die Unterhose auch noch und hält der Oma das gepikte Bein unter die Nase. »Ja geht denn heut gleich alles schief?«, jammert die Oma, bückt sich nach ihrer

Brille und greift nach Frieders Bein. »Ich hab's doch gleich gewusst, Geschenke machen, das geht daneben. Jetzt ist der Bub verletzt!«

Aber sosehr die Oma auch schaut und auf Frieders Bein herumsucht, hinten wie vorne, sie kann überhaupt nichts finden. Und Blut schon gar nicht.

»Gott sei Dank, du Stricklauser du«, sagt die Oma schließlich und wischt sich die Stirn. »Du bist mir heil geblieben, und meine Strickerei mit den spitzen Nadeln, die hat in deinen Fingern nichts zu suchen, und in deinem Bein schon gar nicht. Wie oft soll ich das noch sagen!«

Da grinst der Frieder und hopst der Oma wieder auf den Schoß und wispert ihr ins Ohr: »Du, Oma, dann bin ich ja doch ein Geschenk. Für dich! Weil ich doch heil geblieben bin. Freust du dich jetzt?«

»Und wie, Herzenslauser!«, grinst die Oma und gibt dem Frieder einen Schmatz … auf seinen nackten Po. Weil man sich doch für ein Geschenk bedanken muss!

Osterhase

»Oma!«, schreit der Frieder und zupft an Omas Rock. »Oma, jetzt rate mal, wer bin ich?«

»Ja lässt du mich gleich los, Rotzbub!«, zetert die Oma und wischt sich Schmutzklumpen von der Bluse. »Und spring mir nicht dauernd vor der Nase herum! Davon wird mir ganz schwindlig!«

Die Oma kniet im Garten, mitten im Salatbeet, rupft Unkraut raus und legt es sorgsam auf ein Häufchen. Frieder hopst um sie herum in hohen Hüpfern und dazu wedelt er mit beiden Händen, die Arme hochgestreckt und fest an den Kopf gepresst, der Oma genau vor der Nase herum. Und mittendrin im Salatbeet.

»Aber Oma!«, schreit der Frieder noch lauter und wedelt noch heftiger mit den Händen. »Aber Oma, nun rat mich doch. Wer bin ich denn?« Und damit die Oma endlich begreift, hoppelt er auch noch dreimal rund um die Oma herum und überhoppelt drei Salatköpfe, mindestens. Und weil er sowieso grad im Salatbeet ist, rupft er ein Salatblatt ab und knabbert darauf

herum. Genau vor Omas Nase, damit sie endlich rät, wer er jetzt ist.
Die Oma rät nicht, die zupft Unkraut, seelenruhig, und schaut nicht auf. Das Unkrauthäufchen wird immer höher und das Salatblatt schmeckt ziemlich blöd. Frieder schmeißt es zum Unkrauthaufen und hoppelt noch mal um die Oma, diesmal andersherum, und dazu bettelt er: »Oma, bitte rat mich doch! Weißt du, wer ich bin?«
»Ein Störlauser auf jeden Fall!«, sagt die Oma und zupft weiter am Unkraut. »Und mein Salatbeet ist kein Spielplatz! Hüpf woanders, Bub, ich hab zu tun, das siehst du doch!«
Da ist dem Frieder klar, die Oma will ihn nicht erraten, auf keinen Fall, sie will lieber im blöden Salatbeet arbeiten.
»Mensch, Oma!«, ruft er vorwurfsvoll und macht einen besonders hohen Hüpfer vor der Oma. »Mensch, Oma! Schau doch mal, was ich für schöne Schlappohren hab! Schau doch mal, das siehst du doch!« Und dazu wackelt er mit den hoch erhobenen Händen heftig vor der Oma auf und ab. »Ich bin doch der Osterhase, Oma!« Und mit einem mächtigen Hops landet er genau auf einem Salatkopf! Da ist der leider platt. Und die Oma ist böse!

»Raus aus meinem Salat!«, zetert sie los. »Wie oft soll ich das noch sagen! Da hopst doch der Lauser tatsächlich das Abendessen kaputt, ja spinnst du jetzt?« Wütend rupft sie ein Unkraut raus und schmeißt es fast auf Frieders Schuh.

Frieder hopst beiseite und murmelt trotzig vor sich hin: »Wenn ich aber doch der Osterhase bin, Oma! Und du bist eine alte Oma, die nix ratet!«

»Und du bist ein rotzfrecher Frieder, der nicht höret!«, sagt die Oma und droht ihm mit dem zerquetschten Salatkopf. »Weg mit dir, aber schnell. Und den Osterhasen habe ich mir ganz anders vorgestellt, dass du's nur weißt!« Betrübt legt sie den kaputten Salat zum Unkraut.

Frieder hoppelt beleidigt davon, in die hinterste Gartenecke. Die Oma glaubt ihm den Osterhasen nicht. Wo er doch so gehoppelt ist wie ein echter Hase. Ein Osterhase ist doch ein Hase, das ist doch klar! Er hat doch sogar in ein Salatblatt gebissen, wo das doch gar nicht gut schmeckt! Aber die Oma, die hat mit Unkraut nach ihm geschmissen und ihn weggeschickt, ihn, den tollen Osterhasen.

Frieder hockt in der hintersten Gartenecke unter einem Fliederbusch und mault wütend vor sich hin. Wo er doch solche Lust auf Osterhasenspielen hat!

Die Oma aber überhaupt nicht! Blöd! Die hat lieber Unkraut und Salat, wo der doch gar nicht schmeckt! Blöd! Frieder seufzt und Frieder mault und rupft ein bisschen am Flieder herum und streut die Blätter vor sich auf den Boden. Und er überlegt. Er muss was machen, damit die Oma ihm den Osterhasen glaubt. Und da weiß er auch schon, was! Spuren muss er hinterlassen, Hasenspuren. Aber was für welche?
Was für Spuren machen Hasen? Frieder denkt und denkt … und schon fällt's ihm ein und er muss kichern unterm Fliederstrauch. Wenn die Hasen nämlich mal müssen, dann gehen die nicht aufs Klo, weil sie ja auch gar keines haben und auch keines brauchen. Die hocken sich einfach hin und machen auf die Erde drauf. Hasenkacka! Die sieht man gut, weil die so aussehen wie Kaffeebohnen, wirklich ganz genau so. Das hat er mal gesehen und das hat ihm gut gefallen.
Also braucht er jetzt ganz einfach Kaffeebohnen wie Hasenknöddel, das ist doch klar. Frieder grinst und schon flitzt er in hohen Hasensprüngen hin zu Omas Einkaufskorb. Bevor sie in den Garten gegangen sind, sind sie einkaufen gewesen im Supermarkt. Viele Sachen haben sie da gekauft, so langweiliges Zeug zum Abendessen, Käse und Brot und Milch und noch viel mehr, auch so Zeug, was man gar nicht essen kann.

Und eine Tüte Kaffeebohnen war auch dabei, das weiß der Frieder noch, weil sich die Oma so gefreut hat auf »die Tasse Kaffee am Abend, erquickend und labend«. Das hat sie gesagt und hat eine große Tüte Kaffeebohnen eingepackt.
Frieder wühlt im Einkaufskorb herum. Wo ist die Tüte denn? Er schaut vorsichtshalber zur Oma rüber, aber die kniet noch immer und zupft und rupft und schaut nicht her.
Frieder wühlt weiter und endlich zieht er die Kaffeebohnentüte raus. Braun ist sie und ganz voll und knistert und knackt in seinen Händen. Schnell reißt er sie auf und holt zwei Hände voll Kaffeebohnen raus. Herrlich! Die sehen ja aus wie richtige Hasenkacka. Nun muss er sie bloß verteilen im ganzen Garten.
Frieder springt los, die Hände voller Kaffeebohnen und die Hosentaschen auch, und verteilt. Unterm Beerenstrauch, drei Kaffeebohnen! Neben dem Apfelbaum, fünf Kaffeebohnen! Rund um die Regentonne herum, viele Kaffeebohnen! Und weil noch immer so viele Kaffeebohnen in den Händen und in den Hosentaschen übrig sind, schmeißt er sie einfach auf den Weg. Hierhin und dahin und dahinten auch noch ein paar. Und weil das so schön aussieht wie echte Hasenspuren und seine Hände und seine Hosentaschen leer

sind, holt er gleich noch mehr Bohnen aus der Tüte und verteilt sie. Endlich ist die Tüte leer und der Garten voller Kaffeebohnen.
Das sieht nicht nur aus, als wäre ein Osterhase da gewesen, das sieht ja sogar aus, als wären viele Osterhasen da gewesen! Frieder kichert und hoppelt rasch zurück in seine Gartenecke, hockt sich unter den Fliederstrauch und wartet ab. Jetzt muss er nämlich bloß warten, bis die Oma im Salatbeet zu arbeiten aufhört, dann sieht sie die Bohnen und glaubt ihm! Frieder grinst und wartet. Die Oma kann ja nicht ewig Unkraut rupfen … Da steht die Oma auch schon auf, reibt sich ächzend das Kreuz, geht ein paar Schritte, hin zur Regentonne … und stutzt. Sie bückt sich, betrachtet ein Häuflein Bohnen, schüttelt den Kopf, geht weiter, rund um die Regentonne herum und hin zum Apfelbaum, und schüttelt dabei unentwegt den Kopf.
Frieder hält sich den Mund fest zu, mit beiden Händen, damit er nicht laut kichern muss. Weil sich die Oma da endlich bückt und ein paar Bohnen aufhebt, daran schnuppert und noch mehr mit dem Kopf wackelt und dazu murmelt: »Das riecht mir aber sehr nach Kaffee … ja was ist denn jetzt das?« Da kann es der Frieder nicht mehr aushalten. »Hasenkacka, Oma!«,

jubelt er unterm Fliederstrauch hervor und hopst in wilden Sprüngen auf die Oma zu. »Vom Osterhasen, Oma! Und der bin ich!«

Aber da steht die Oma schon am Einkaufskorb, schlägt die Hände überm Kopf zusammen und zetert los: »Ja bist du denn vom wilden Watz gebissen? Ich glaub, ich seh nicht recht! Schmeißt doch der Lauser meinen teuren Kaffee einfach im Garten herum, so mir nix, dir nix. Ja bist du denn von allen guten Geistern verlassen?« Und betrübt schüttelt sie die leere Tüte.

Da ist dem Frieder klar, das mit der Kaffee-Hasenkacka, das war falsch. Die Oma mag die Kaffeebohnen lieber in der Tüte. Frieder lässt den Kopf hängen und schleicht zur Oma hin und wispert leise: »Oma, ich wollte doch der Osterhase sein. Es tut mir ja so leid.« Und er schnupft in Omas Schürze.

»Mir auch!«, sagt die Oma und seufzt tief auf. »Mein schöner, teurer Kaffee. Es war ein Sonderangebot.« Sie faltet ordentlich die leere Tüte und legt sie seufzend zurück in den Korb. Da muss der Frieder noch mehr schnupfen. Die Tüte ist so leer und die Oma kriegt heute keinen Kaffee mehr. Wo sie sich doch so darauf gefreut hat!

Und beinahe kommen dem Frieder die Tränen, so dick wie die Kaffeebohnen ringsherum im Garten.

»Oma«, schnupft er und steckt seine Nase in Omas Schürze.

»Oma, ich wollte doch wirklich bloß der Osterhase sein. Was machen wir denn jetzt?«

»Nix!«, sagt die Oma und holt ein Taschentuch aus ihrer Schürzentasche. »Und du putzt dir jetzt die Nase, wie sich das gehört. Die Kaffeebohnen in dem Dreck, die können wir vergessen.«

Frieder schnieft und schnauft und putzt sich die Nase und da grinst die Oma und sagt: »Und überhaupt, Osterhasen schmeißen nix rum, Osterhasen verstecken was, haben wir uns verstanden?«

Frieder horcht auf. Verstecken? Aber was denn? Er hat doch nichts zum Verstecken.

»Da, schau!«, sagt die Oma und wischt dem Frieder noch mal über die Nase. »Da, im Korb! Da sind ganz viele Sachen drin. Die kannst du alle verstecken, du lausriger Osterhase du!«

Da jubelt der Frieder los und stürzt sich auf den Einkaufskorb und räumt blitzschnell alles raus und versteckt alles im ganzen Garten. Käse und Brot und Äpfel und Bananen und eine Dose Schuhcreme und ein Paket Nudeln und ein Paket Zucker und eine kleine Leberwurst und eine Kinderzahnbürste.

Die Oma hat sich brav die Augen zugehalten und ist

dann brav suchen gegangen. Sie hat wirklich alles gefunden. Sogar die Zahnbürste; und das war wirklich schwer, denn die hat der Frieder in der vollen Regentonne versteckt. Und dann versteckt die Oma alles für den Frieder und Frieder darf suchen und findet auch alles. Beinahe alles … die Kinderzahnbürste, die findet er nämlich nicht. Die hatte die Oma in der Schürzentasche. Und die kleine Leberwurst, die findet er auch nicht, denn die hat die Oma aufgegessen. Das macht aber nichts. Leberwurst mag der Frieder sowieso nicht.

Ein Brief

»Oma!«, schreit der Frieder und zupft an Omas Rock. »Oma, ich will mal einen Brief kriegen. Jetzt gleich!«

»Ja lässt du mich gleich los, Rotzbub!«, zetert die Oma und rührt in ihrem Kuchenteig herum, linksherum und rechtsherum. »Einen Brief! Den kannst du doch noch gar nicht lesen, zu was willst du dann einen Brief?«

Frieder schleicht sich an die Teigschüssel. »Weil alle Leute Briefe kriegen«, sagt er und schon ist seine Hand mittendrin im Kuchenteig. »Ich aber nie!«

»Ha!«, schreit die Oma und zieht Frieders Hand aus der Teigschüssel. »Raus aus meinem Kuchenteig, du Lauser, und raus aus meiner Küche. Die Schüssel ausschlecken darfst du später.«

»Ich will ja gar nicht schlecken, ich will doch einen Brief!«, motzt der Frieder und wischt sich schnell die Finger an der Hose ab. Da schaut die Oma aber streng und droht auch noch mit dem Rührlöffel.

Frieder seufzt tief auf. Wenn die Oma so streng schaut, dann geht er besser in sein Zimmer. Aber an der

Küchentür dreht er sich trotzdem noch mal um und sagt mit einer ganz lieben, leisen Friederstimme: »Ich hätt doch so gern mal einen Brief, Oma!«
»Und ich hätt doch so gern mal einen braven Bub«, sagt die Oma und rührt heftig ihren Kuchenteig, »so einen, der nicht immer seine Oma stört beim Kuchenbacken, haben wir uns verstanden?«
Frieder seufzt ein zweites Mal, ganz tief, und geht brav in sein Zimmer. Aber die Kinderzimmertür haut er fest zu, dass es tüchtig knallt. So, jetzt ärgert sich die Oma aber, weil, Türenknallen kann sie gar nicht leiden. Und Frieder kann es nicht leiden, dass er nie und nie einen Brief bekommt. Jeden Tag sieht er die Postfrau mit der dicken Tasche, wie sie Briefe in die Briefkästen einwirft. Aber für ihn ist nie einer dabei! Wo er doch so Lust auf einen Brief hat! Da stehen sicher schöne Sachen drin, wie im Bilderbuch, bloß ganz allein für ihn.
Frieder holt alle seine Bilderbücher aus dem Regal und legt sie auf den Boden. Die kann er alle lesen, Wort für Wort. Er weiß ja, was drinsteht, und die Bilder kennt er am allerbesten. Frieder hockt sich auf den Boden und klappt ein Bilderbuch auf. Da hängen wilde Kerle an den Bäumen und ein Bub im Wolfspelz ist auch dabei, und Frieder weiß genau, was der sagt: »Und jetzt, sagt

Max, machen wir Krach.« Und dann machen sie alle einen unheimlichen Krach. Das hat dem Frieder gut gefallen. Frieder grinst und sagt laut: »Und jetzt, sagt Frieder, machen wir Krach!« Wenn er schon keine Briefe kriegt, dann macht er eben Krach.

Und er weiß auch schon, wie. Er muss bloß ein wilder Kerl sein und an Bäumen schaukeln und dazu schaurig brüllen. Brüllen kann er gut. Aber Bäume stehen nicht in seinem Zimmer, woran soll er denn dann schaukeln?

»Oma!«, brüllt der Frieder und reißt die Tür weit auf. »Bring mir was wie einen Baum, damit ich daran schaukeln kann!«

»Ja bin ich denn dein Diener?«, ruft die Oma zurück. »Und überhaupt, geschaukelt wird im Hof, dass du's nur weißt.«

»Aber wenn ich doch hier schaukeln muss!«, schreit der Frieder. »Ich bin doch ein wilder Kerl!«

»Und ich bin deine liebe Oma und backe einen Kuchen«, ruft die Oma, »wie oft soll ich das noch sagen.«

Frieder haut mit einem Knall die Zimmertür wieder zu. Alles muss man selber machen! Die Oma ist gar keine Hilfe!

Frieder schaut sich um und dann steigt er auf einen

Stuhl. Ein Stuhl ist kein Baum und dran schaukeln kann man auch nicht. Aber wackeln tut der, wenn man tüchtig darauf hopst. Frieder stößt ein lautes Geheule aus und wackelt dabei mit dem Stuhl mächtig hin und her.

»Kind, Bub!«, ruft die Oma aus der Küche. »Ist dir was passiert?«

»Neee, Oma!«, brüllt der Frieder. »Ich bin doch bloß ein wilder Kerl. Uaaaa, uaaaa, uaaaa!«

»Ich bin zwar eine alte Frau, aber taub bin ich nicht!«, schreit die Oma. »Spiel leiser, das Haus stürzt ja ein!«

»Gar nicht«, denkt der Frieder und jault laut auf und wackelt heftig mit dem Stuhl. Da kippt der Stuhl leider um, zusammen mit dem Frieder, platsch auf den Boden.

Das hat überhaupt nicht weh getan! Frieder schaut seine beiden Knie an, die sind beide heil, aber wenn er genau hinhorcht, dann tut's am Po ein bisschen weh. Sogar ein bisschen sehr.

»Frieder, Bub!«, schreit die Oma aus der Küche. »Ist dir was geschehen? Du bist so still!«

»Ja, Oma!«, jammert der Frieder und bleibt stocksteif auf dem Boden sitzen. »Der Stuhl ist umgefallen, mit mir drauf.« Da steht die Oma auch schon im Zimmer und zieht den Frieder hoch und tastet an ihm herum, von oben bis unten, und als sie zum Po kommt, wimmert Frieder auf.

»Das kommt davon«, sagt die Oma und gibt ihm einen kleinen Klaps. »Wer nicht hören will, muss fühlen. Und jetzt komm in die Küche, Rotzlöffel du, Teigschlecken ist gut gegen Popo-Weh.«

Frieder nickt und schnupft und greift nach Omas Hand, und in der Küche geht er gleich zum Küchentisch mit der Schüssel drauf und will schon losschlecken … da ist ja gar kein Teig mehr in der Schüssel drin! Sie ist blitzblank, bloß was Weißes schimmert auf dem Schüsselboden. Was Weißes mit was draufgeschrieben, und das sieht genauso aus wie ein Brief. Sogar eine Briefmarke klebt da drauf, bunt und klein.

»Mensch, Oma!«, staunt der Frieder. »Das ist ja ein Brief, ein echter! Ist der für mich?«

»Für mich ist der jedenfalls nicht«, sagt die Oma. Sie kniet vor dem Ofen und schaut nach dem Kuchen, der Kuchen ist bald fertig.

Frieder strahlt und zieht vorsichtig ein großes Stück Papier aus dem Umschlag mit vielen schwarzen Buchstaben drauf. Die schaut er sich lange an, sehr lange … so lange, bis die Oma sagt: »Na gib schon her. Ich lese ihn dir vor.«

Frieder kniet sich schnell neben die Oma vor den Ofen und laut liest sie vor:
»Lieber Frieder! Wie geht es dir? Mir geht es gut. Du bist oft ein lieber Frieder, aber wenn du noch einmal mit den Türen knallst, dann hau ich dir den Popo voll. Haben wir uns verstanden? Zum Kuchen gibt es heute süße Sahne. Die steht im Eiskasten. Die darfst du schlagen und naschen darfst du auch. Viele Grüße. Deine Oma.«
»Mensch, Oma!«, sagt der Frieder und strahlt. »Mensch, Oma, das ist ein Brief ganz allein für mich. Und den hast du geschrieben!«
»Genau, du Schlaumeier«, grinst die Oma und steht mühsam auf, »jetzt hol die Sahne, geschlagen wird!«
Und dann hat der Frieder die süße Sahne geschlagen, ganz allein. Süße Sahne schlagen ist das Schönste, beinahe so schön wie Briefe kriegen, und besser als Kuchenteig ist sie auch.
Und dann hat die Oma den Tisch abgewischt und den Boden gewischt und den Frieder abgewischt und den Stuhl abgewischt und den Eiskasten abgewischt und sich selber auch. Weil, alles war weiß. So weiß wie ein Brief. Bloß viel süßer.

Im Bus

»Oma!«, schreit der Frieder und zupft an Omas Rock. »Oma, mach schneller, sonst fährt der Bus noch ohne uns ab!«

»Ja lässt du mich gleich los, Rotzbub«, zetert die Oma und greift nach ihrer Handtasche, der braunen, und ihrem Hut, dem schwarzen. »Eine alte Frau ist doch kein D-Zug. Der Bus wird schon warten, wir sind zeitig genug.«

»Aber Oma!«, schreit der Frieder noch lauter. »Der wartet ganz bestimmt nicht. Wenn du auch immer so langsam machst!«

»Und du benimmst dich jetzt, wie sich das gehört!«, sagt die Oma streng. »Sonst fahren wir gleich gar nicht, haben wir uns verstanden?«

Aber da ist der Frieder schon die Treppe runter und die Oma hinterher. Der Frieder freut sich sehr. Er fährt so gern mit dem Bus, weil man da so schön dem Busfahrer zuschauen kann! Endlich sind sie an der Haltestelle. Kein Bus ist zu sehen, dafür stehen viele Leute da, die warten auch. Die fahren aber sicher nicht so weit wie der Frieder und seine Oma.

Frieder hüpft ungeduldig auf und ab. Wo bleibt er denn, der Bus? Die Oma hält seine Hand eisern fest und sagt: »Gell, Bub, und beim Einsteigen, da bleibst du schön an meiner Hand, ja?« Frieder nickt und hört gar nicht mehr hin, da kommt nämlich der große blaue Bus herangebrummt und bremst vor allen Leuten. Quietschend öffnen sich die Türen.
Sofort reißt sich Frieder los von Omas Hand. Bloß jetzt schnell hinein, damit er noch einen Platz kriegt, ganz vorne, damit er dem Fahrer beim Fahren zuschauen kann! Viele Leute drängeln hinter Frieder her und schubsen vorwärts. Der Bus wird voll. Aber der Platz hinter dem Fahrer ist noch frei. Frieder drängelt sich schnell durch, setzt sich rasch und hält beide Hände auf den Platz neben sich. Weil, da soll doch die Oma sitzen!
Aber wo bleibt sie denn? Frieder schaut sich um zur Tür, da schnauft ein alter Opa die Stufen rauf, die Oma ist das nicht, und hinter ihm klappen die Türen zu. Der Bus fährt an. Und Frieder sieht die Oma draußen auf der Straße stehen und schreien, sie winkt mit beiden Armen. Da ist sie schon verschwunden.
Frieder sitzt schreckensstarr! Die Oma ist nicht mitgekommen! Die Oma ist nicht eingestiegen! Sie ist draußen und Frieder ist drinnen und der Bus fährt

mit ihm weg. Dem Frieder wird ganz anders. Was soll er denn jetzt machen? Alleine Bus gefahren, das ist er doch noch nie! Immer war doch die Oma dabei und hat neben ihm gesessen, und überhaupt dürfen kleine Kinder gar nicht alleine Bus fahren, das ist bestimmt verboten. Er weiß auch gar nicht, wo der Bus jetzt mit ihm hinfährt! Vielleicht bis ans Ende der Welt, und dann kommt er nie wieder nach Hause. Das geht doch aber nicht! Frieder schluckt und schluckt. Er muss hier raus, sofort, das ist dem Frieder klar. Aber wie? Die Türen sind zu, der Bus fährt und fährt.

Frieder krabbelt auf den Sitz und schaut über die Lehnen nach hinten in den Bus hinein. Vielleicht hat sich die Oma ja bloß versteckt und ist doch drin im Bus? Aber Frieder sieht bloß fremde Leute, die lesen Zeitung oder schauen aus dem Fenster oder starren vor sich hin. Und Frieder weiß ja längst selber, die Oma kann gar nicht drin sein im Bus, die hat er ja auf der Straße ganz deutlich gesehen! Frieder schluckt und schluckt! Oma!!! Da ist etwas in seiner Kehle, das fühlt sich an wie Tränen.

Frieder schluckt tapfer die Tränen runter. Vom Heulen gehen die Türen bestimmt nicht auf. Das kann ja bloß der Fahrer machen. Er muss ihn einfach fragen. Frieder schielt zum Fahrer hin. Der sieht so grimmig aus und kaut an seinem Schnauzbart und fährt und hupt und fährt. Vorsichtig rutscht der Frieder vom Sitz und stellt sich neben ihn, zupft ihn ganz vorsichtig am Ärmel und flüstert: »Du, kannst du mal anhalten, bitte schön? Ich will lieber raus!«

»Mit dem Fahrer sprechen ist verboten«, knurrt der Fahrer und hupt kräftig. »Die nächste Haltestelle kommt in zwei Minuten.« Und dann fährt er eine so scharfe Kurve, dass der Frieder auf den Boden plumpst. Das auch noch! Das hat ja beinahe richtig weh getan, und prompt kommen Tränen und Frieder hockt neben dem Fahrer am Boden und wimmert und schluchzt: »Ich will zu meiner Oma! Ich will zu meiner Oma!« »Himmelkreuzdonnerwetter!«, flucht der Fahrer. »Kind allein, das hat mir noch gefehlt.« Er bremst mit einem scharfen Ruck. Da recken plötzlich die Leute die Hälse, da drängeln plötzlich Leute nach vorne, zum Fahrer und zum Frieder hin, und aufgeregt schnattert es durcheinander: »Was ist denn los? Was hat das Kind? Wo ist denn seine Mama? Dem Kind ist schlecht! Es muss gleich brechen!«

Brechen muss der Frieder nicht. Er kann gut Bus fahren, bloß nicht ohne die Oma, aber käsweiß ist er und immerzu muss er wimmern: »Ich will zu meiner Oma! Ich will zu meiner Oma!«

Da geht das Geschnatter erst richtig los. »Wo ist die denn? Wo wohnt die denn? Man muss zurückfahren, sofort! Das Kind muss doch zu seiner Oma, sofort! Unverantwortlich, ein Kind allein im Bus. Wo wohnt die Oma denn?« Aber wo die Oma wohnt, das hat der Frieder leider vergessen.

»Himmelkreuzdonnerwetter!«, flucht der Fahrer. »Dann eben zurück zur Haltestelle, wo der Knabe eingestiegen ist, Kreuzhimmeldonnerwetter noch einmal!« Er wendet mit einem scharfen Ruck den Bus und fährt zurück! Mit allen Leuten und dem Frieder. Der hockt noch immer auf dem Boden und schnauft tief auf und wischt an seinen Tränen herum. Bis der alte Opa, der statt der Oma eingestiegen ist, ihn hochzieht und sich zu ihm setzt und ihm auch noch mit einem großen Taschentuch über die Backen und die Nase wischt.

»Schnäuzen!«, kommandiert der Opa, und Frieder schnäuzt und ihm ist schon viel besser. Weil, jetzt wird er ja zurückgebracht zur Oma, das hat der Fahrer selber gesagt. Und der Opa sagt das auch, und die Straßen, durch die sie fahren, die kommen dem Frieder immer bekannter vor, die sehen gar nicht fremd aus. Da ist das Schuhgeschäft, da haben Oma und Frieder mal die schönen weißen Glitzerstiefel gekauft! Da ist der Bäckerladen, da kauft die Oma immer die Semmeln! Und da, da … Frieder reißt die Augen weit auf und brüllt, so laut er kann: »Die Oma! Da ist meine Oma!« Der Opa zuckt zusammen und brüllt mit: »Anhalten, sofort anhalten!«

»Himmelkreuzdonnerwetter!«, brummt der Fahrer. »Die Haltestelle ist noch längst nicht da!«

Da rennt aber tatsächlich die Oma die Straße entlang, dem Bus entgegen. So schnell hat der Frieder die Oma noch nie rennen sehen, und käsweiß ist sie im Gesicht.

Der Fahrer bremst, dass die Reifen quietschen. Fast genau neben der rennenden Oma gehen die Türen auf.

»Oma!«, schreit der Frieder und stürzt zur Tür. »Oma! Hier bin ich! Ich bin wieder da!« Da bleibt die Oma stehen, mit einem Ruck, und lässt ihre Handtasche fallen und der Hut rutscht ihr vom Kopf. Und Frieder springt aus der Tür, genau in ihre Arme, und schreit: »Oma! Der Bus hat mich zurückgebracht, freust du dich?«

Die Oma drückt den Frieder fest an sich und zittert dabei ein bisschen und ihre Stimme zittert auch, als sie murmelt: »Ach Bub, ach Bub, ich bin ja fast gestorben vor Schreck!« – »Ich auch, Oma!«, sagt der Frieder.

»Ich wär beinahe verloren gegangen!« – »Dass du mir nur wieder da bist, Herzensbub!«, sagt die Oma und drückt den Frieder noch mal fest an sich und wischt sich die Augen. »Das machst du mir nie wieder!« Da nickt der Frieder und fasst fest nach Omas Hand. Die lässt er so schnell nicht mehr los!
Die Leute im Bus drängeln an den Fenstern und lachen und winken. Und der Opa schwenkt das große Taschentuch und der Busfahrer hupt dreimal, und schon fährt der Bus wieder ab. Die Oma und der Frieder winken hinterher und marschieren Hand in Hand zum Bäckerladen. »Ich muss was essen auf diesen Schreck, mir ist ganz schlecht!«, hat die Oma gesagt. »Mir auch!«, hat der Frieder genickt und gestrahlt. Weil die Oma Törtchen gekauft hat, mit süßer Sahne obendrauf. Die haben sie gemeinsam nach Hause getragen. Hand in Hand. Und die haben sie gemeinsam aufgegessen. Hand in Hand.

Lieb haben

»Oma!«, schreit der Frieder und zupft an Omas Rock. »Oma, wir wollen uns mal richtig lieb haben.«

»Ja lässt du mich gleich los, Rotzbub«, zetert die Oma. »Du siehst doch, dass ich schaff.«

Die Oma steht im Badezimmer und stopft Schmutzwäsche in die Waschmaschine. Die ist bald voll.

»Aber Oma!«, schreit der Frieder noch lauter und hüpft auf und ab. »Oma, wenn wir uns doch mal richtig lieb haben wollen!«

»Jetzt schrei nicht so, ich bin doch nicht taub«, sagt die Oma und füttert seelenruhig die Waschmaschine mit Socken, Hosen, Schürzen, Hemden. Und Frieders Teddybär ist auch dabei, der hat eine Wäsche dringend nötig.

»Und spring mir nicht dauernd auf meiner Schmutzwäsche herum!«, sagt sie noch und bückt sich ächzend und zieht zwei Socken unter Frieders Füßen hervor. »Schau, Bub, ich hab dich doch lieb und damit Schluss.« Sie streichelt dem Frieder über den Kopf. Die

Socken baumeln an Frieders Ohr und Frieder steht da und ist enttäuscht. Das ist doch nicht lieb haben, so ein bisschen Kopfstreicheln!

Die Oma will lieber Wäsche waschen, das hat er schon gemerkt. Sie dreht an Knöpfen, Wasser rauscht in die Waschmaschine und die Wäsche bullert los und die Oma nickt zufrieden und sortiert weiter im Wäschekorb.

Frieder schleicht ab in sein Kinderzimmer und macht die Tür fest zu. Aber leise, weil, heute ist ihm nicht nach Türknallen, heute ist ihm so nach lieb haben, das ist was Leises. Und außerdem rumpelt die Waschmaschine furchtbar laut, da kann die Oma das Türknallen ja auch gar nicht hören.

Frieder seufzt tief auf und schaut sich im Kinderzimmer um. Das Zimmer ist so groß und komisch leer. Da stehen bloß Möbel drin, Schrank, Tisch und Stuhl und Bett. Und das Bilderbuchregal und der Spielsachenkorb. Das kann man alles gar nicht lieb haben, das ist ja alles so eckig. Lieb haben, das ist so mehr was Rundes!

Frieder geht zum Bilderbuchregal und fasst die Bilderbücher an. Die hat er schon gern, weil die Oma immer so schön draus vorliest, aber lieb sind sie nicht, die sind bloß schön, und eckig sind sie auch. Frieder geht zum Tisch und streichelt ihn. Der Tisch fasst sich schön an, aber lieb haben kann man den auch nicht, der hat ja gleich vier Ecken. Frieder schnauft und wühlt im Spielzeugkorb herum. Da sind schon viele runde Sachen. Der Ball mit den Punkten zum Beispiel und die Kasperlköpfe, aber die sind hölzrig hart und haben spitze Nasen. Und die Autos und der Bagger, die sind kalt und hart und bloß bunt.

Nichts ist im Spielzeugkorb, was man richtig lieb haben kann und was einen auch lieb hat. Frieder schnauft ganz tief, hockt sich trübe auf seinen Stuhl und legt den Kopf auf den Tisch. Der ist so hart … Jetzt müsste sein Teddy her, der ist weich und gut zum Schmusen, wenn schon die Oma nicht will. Aber der Teddybär schwimmt in der Waschmaschine und wird sauber. Das hat er ja selber gesehen. Den kann er jetzt nicht haben. Und dann baumelt er sicher auf der Wäscheleine, aufgehängt an seinen Ohren, und wird bestimmt ewig nicht trocken.

Frieder schluckt. Sein Teddybär, den braucht er doch jetzt ganz dringend. Weil, niemand sonst will ihn ja lieb haben. Die Oma schon gar nicht, die wäscht!

Und plötzlich wird's dem Frieder ganz anders. Da ist so was in seinem Bauch, das fühlt sich furchtbar leer an. So leer wie seine Hände. Da schluchzt der Frieder jämmerlich auf und rennt zu seinem Bett und nimmt sein Kissen in den Arm. Da sind kleine blaue Elefanten drauf und die schluchzt er jetzt nass. Armer Frieder! Niemand hat ihn lieb! Armer Teddy, der alleine baumelt und nicht zu seinem Frieder darf! Frieder wimmert lange … bis er plötzlich merkt, er muss aufs Klo. Nicht sehr, aber doch.

Traurig schleicht er aus dem Zimmer … und stutzt. Auf dem Flur, da liegt ja ein Bonbon! Der war doch vorhin noch nicht da, den hätte der Frieder sonst bestimmt gesehen! Und da, da liegt ja noch einer. Und dort noch einer und noch einer. Eine richtige Bonbon-Spur ist das. Sie führt zur Badezimmertür. Frieder grinst und wischt sich die Tränen ab, dann kann er besser sehen. Er sammelt alle Bonbons auf. Es sind viele, die hat bestimmt die Oma hingelegt! Die Oma! Wo ist sie denn? Im Badezimmer, das ist dem Frieder klar, weil ihn da die Bonbons hingeführt haben. Frieder reißt die Badezimmertüre auf … da steht die Oma, in der einen Hand den Teddy, in der anderen Hand den Föhn. Und sie föhnt den Teddy trocken.

»So!«, sagt die Oma und schwenkt den Teddy. »Ich hab gedacht, den brauchst du gleich! So ein Plüschtier, das trocknet ja ewig nicht!« Und sie legt dem Frieder den Teddy in den Arm.

Frieder nickt und strahlt und schnuppert am frisch gewaschenen Teddy. Der riecht ganz neu. Er zeigt der Oma alle seine Bonbons und sagt: »Oma, ich war so traurig, jetzt aber nicht mehr. Jetzt muss ich bloß mal aufs Klo.«
Da lacht die Oma und gibt ihm einen dicken Schmatz. Frieder setzt sich aufs Klo, mit seinem Teddy und den Bonbons in der Hosentasche.
Und als der Frieder fertig ist, da zieht die Oma die Klospülung für ihn und putzt ihn ab, als wäre der Frieder noch ein ganz kleines Baby, und dann knöpft sie ihm die Latzhose zu, als wäre er noch ein ganz kleines Baby, und dann trägt sie Frieder und Teddy in die Küche, als wäre der Frieder noch ein ganz kleines Baby. Und da setzt die Oma sich in ihren Sessel und Frieder kuschelt sich in ihren Schoß und sein Teddy kuschelt in seinem Schoß, und Oma und Frieder und Teddy schmusen und kuscheln und Frieder seufzt tief auf: »Gell, Oma, jetzt haben wir uns richtig lieb!«
»Aber immer, Herzensbub«, sagt die Oma und gibt dem Frieder zwei Schmätze. »Du bist mir der liebste Bub auf der ganzen Welt, dass du's nur weißt.«
Da ist der Frieder wieder froh. Und wie!

Schneemann

»Oma!«, schreit der Frieder und zupft an Omas Rock. »Oma, schau mal, wie das schneit! Ich will einen Schneemann bauen. Jetzt gleich!«

»Ja lässt du mich gleich los, Rotzbub«, zetert die Oma und zeigt aus dem Fenster. »Ich bin zwar eine alte Frau, aber blind bin ich nicht! Von wegen Schnee! Es schneit ja kaum drei Flocken. Aus dem Schneemann wird nix.«

Die Oma sitzt im Sessel in der Küche, die Zeitung auf dem Schoß, und die Brille hängt auf ihrer Nase. Frieder steht da und ist enttäuscht. Wenn er richtig aus dem Fenster schaut, dann sieht er es ja selber. Es schneit bloß dünn und zum Schneemannbauen reicht das wirklich nicht. Mist! Wo er doch so Lust auf Schnee hat, auf Schneemannbauen, einen dicken, fetten, beinahe so groß wie ein Haus.

»Schau, Bub«, sagt die Oma und streichelt dem Frieder übers Haar. »Jetzt geh du in den Hof und spiel da schön und ich les meine Zeitung, ja?«

Frieder seufzt tief auf. Er spielt schon gern im Hof, aber

was er heute spielen möchte, das geht halt nicht. Und zu was anderem hat er einfach keine Lust. »Oma!«, bettelt er und zupft die Oma noch mal am Rock. »Oma, dann komm doch mit und spiel mit mir.«
»Nix da«, sagt die Oma und legt ächzend die Beine auf den Hocker. »Erst wird gelesen, dann wird gespielt. Eine alte Frau ist doch kein D-Zug. Ab mit dir in den Hof und zieh die Jacke an, die warme.«
Missmutig schaut der Frieder auf die Zeitung. Die hat so viele Blätter, da liest die Oma ja ewig. So lange kann er gar nicht warten. Da geht er lieber in den Hof.
Frieder zieht die Jacke an, die warme, und schleicht missmutig die Treppe runter und schaut missmutig im Hof herum. Mülltonnen stehen da und eine kleine Schaukel hängt an der Teppichstange. Das ist seine. Aber im Winter, wenn es schneit, da schaukelt man doch nicht! Da baut man doch Schneemänner und macht Schneeballschlachten.
Immerzu schaut der Frieder hoch zum Himmel, ob es nicht endlich richtig schneien will. Und immerzu schaut er hoch zu Omas Küchenfenster, ob da nicht die Oma den Kopf rausstreckt und endlich ruft: »Bub, Frieder, ich komme! Wart auf mich!«
Es schneit nicht richtiger, es schneit sogar noch weniger, und die Oma erscheint auch nicht am Küchen-

fenster. Die sitzt und liest. Mist! Zornig stampft der Frieder auf. Die Oma soll kommen und mit ihm spielen! Schneien soll es, aber viel! Die Oma kommt nicht und der Schnee auch nicht. Mist, Mist, Mist!

Da hat der Frieder plötzlich eine Idee. Wenn er schon keinen Schneemann bauen kann, dann baut er eben einen … Müllmann. Aus Müll! In den Mülltonnen ist sicher genug drin. Frieder kichert und dann hat er eine noch viel bessere Idee. Er baut keinen Müllmann, er baut eine Müll-Oma.

Frieder flitzt zur Mülltonne, reckt sich und reißt den Deckel auf und wühlt in der Tonne herum. Es stinkt ein bisschen, sehr sogar. Aber dem Frieder macht das gar nichts aus.

Jetzt wird eine Müll-Oma gebaut, und fast sofort findet er ein leeres Gurkenfass. Herrlich! Das wird Omas Bauch. Frieder zieht es raus und stellt es auf den Boden. Jetzt braucht er Omas Oberteil. Rund ist das und dick, also braucht er jetzt was Rundes, Dickes. Frieder wühlt und wühlt sich durch glitschige Kartoffelschalen, und endlich hat er was Rundes entdeckt. Drei faule Apfelsinen. Schön groß und nur ein bisschen schimmelig sind sie und weich. Die legt er auf das Gurkenfass, auf Omas Bauch. Schön sieht das aus. Aber eine Apfelsine nimmt er wieder weg. Zwei reichen längst. Die Oma hat doch nicht drei Busen! Bloß zwei!

Frieder kichert und schmeißt die dritte Apfelsine ganz ordentlich zurück in die Tonne und sucht nach Omas Kopf. Der muss auch rund sein. Frieder wühlt und sucht und gräbt in schlabbrigen Salatblättern herum und zwischen leeren Plastikbechern und findet zwei Blechbüchsen. Ein Oma-Kopf ist das nicht, aber das sind prima Schuhe. Frieder legt ganz sorgfältig die Blechbüchsen vor Omas Gurkenfassbauch. Jetzt hat die Oma Schuhe, einen kleinen und einen großen. Jetzt fehlt bloß noch der Kopf. Aber sosehr er auch wühlt und sucht zwischen stinkigen Lappen, verrosteten Nägeln, kaputten Schuhen – einen Oma-Kopf, der passt, findet er nicht.

»Oma!«, brüllt der Frieder hoch zu Omas Küchenfenster.

»Oma, ich kann deinen Kopf nicht finden. Bring mir so was, aber schnell!«

»Ja bin ich denn dein Diener?«, schreit die Oma zurück.

»Mein Kopf sitzt fest auf meinem Hals, da, wo er hingehört. Haben wir uns verstanden?«

Frieder seufzt. Alles muss man selber machen! Und er wühlt die nächste Mülltonne durch. Da stinkt es noch mehr, aber endlich zieht er einen Gummiball heraus, einen mit Delle. Grau ist er und rissig, beinahe wie Omas Gesicht. Das ist ein prima Oma-Kopf. Vorsichtig setzt er den Gummiball mit Delle auf die Apfelsinen, das hält gut.

Fast ist die Oma fertig. Haare fehlen noch und Arme, aber Haare hat die Oma sowieso nicht mehr so viele, da genügt ein schlabbriges Salatblatt. Das klatscht der Frieder auf den Gummiball. Auf die Arme verzichtet er. Schneemänner haben oft auch keine Arme, da braucht die Müll-Oma auch keine. Zufrieden betrachtet der Frieder sein Werk. Es ist schön bunt geworden, viel bunter als ein Schneemann. Das muss die Oma sofort sehen.

»Oma!«, brüllt der Frieder hoch zum Fenster. »Oma, komm schnell und schau, was ich gemacht hab!«

Die Oma streckt den Kopf raus und starrt und zetert los: »Ja bist du denn vom wilden Watz gebissen? Wühlt doch der Schmutzfink im Müll herum! Ich glaub, ich seh nicht recht!« »Doch, Oma!«, schreit der Frieder vergnügt. »Weil ich dich doch gebaut hab. Du bist eine Müll-Oma!«

»Das bin ich nie und nimmer, merk dir das!«, zetert die Oma. »So seh ich nicht aus, auf keinen Fall! Du kommst jetzt rauf und wäschst dir die Hände, aber schnell.«

Frieder schnupft auf. Die Oma mag sich nicht als Müll-Oma. Doch wenn er ganz ehrlich sein soll, die Müll-Oma stinkt auch ziemlich. Und er auch.
Trübsinnig schleicht der Frieder die Treppe hoch, ins Badezimmer, und als er in die Küche kommt, da bleibt er auf der Schwelle stehen und starrt.
Da steht die Oma mit hoch erhobenen Händen und lässt es Zeitungsschnipsel schneien. Die Küche ist ganz voll davon. Tisch und Stühle und die Oma auch. Lauter kleine Zeitungsschnipsel. Grau in weiß.
»Es hat geschneit«, sagt die Oma und streut noch eine Handvoll Schnipsel auf den Frieder. »Da staunst du aber, gell?« Frieder grinst und wischt sich Zeitungsschnipsel aus dem Haar. »Es geht«, sagt er und lacht die Oma an. »Schnee sieht aber anders aus, Oma!«
»Schlaumeier du!«, grinst die Oma und schnippelt neuen Zeitungsschnee. »Seh ich etwa aus wie eine Müll-Oma?«
»Neee, Oma!«, jubelt der Frieder. »Wie eine Zeitungsschnipsel-Oma!«
Da lacht die Oma und gibt dem Frieder einen Schmatz. Und Oma und Frieder schnippeln zusammen ganz viel Zeitungsschnipsel-Schnee. Dann sind keine Zeitungsseiten mehr da. Oma und Frieder lassen es tüchtig schneien. Sie toben im Zeitungsschnipsel-Schnee

herum. Oma tobt langsam, Frieder tobt schnell. Frieder wälzt sich im Küchen-Schnee herum. Die Oma aber nicht. Und dann wurde die Oma müde, der Frieder aber nicht. Und dann haben beide wieder aufgeräumt. Die Oma oben in der Küche. Der Frieder unten im Hof. Und dann … hat es angefangen zu schneien. Ganz weiß und fein … und ganz richtig!

Weihnachten

»Oma!«, schreit der Frieder und zupft an Omas Rock. »Oma, sag mir, wann ist denn endlich Weihnachten!«

»Ja lässt du mich gleich los, Rotzbub«, zetert die Oma. »Du wirst es wohl erwarten können, Bub Ungeduld! Weihnachten kommt ja gleich. Wenn ich hier fertig bin.«

Die Oma steht in ihrer schönsten Bluse in der Küche und legt sorgsam Plätzchen auf einen Teller, ganz langsam und ganz säuberlich. Der Teller ist noch lange nicht voll. Und Frieder hopst in seiner schönsten Hose ungeduldig um den Tisch herum. Nein, er kann's überhaupt nicht erwarten, das Weihnachtsfest mit dem schönen Glitzerbaum und den vielen tollen Geschenken. Und singen tun sie, die Oma und der Frieder, und dann wickeln sie die Geschenke aus und naschen Plätzchen und feiern bis tief in die Nacht. Das allerschönste Fest vom ganzen Jahr! Und es ist immer und immer noch nicht da! »Oma!«, schreit der Frieder noch lauter. »Oma, wir wollen Weihnachten lieber jetzt gleich!«

»Nix da!«, sagt die Oma und legt liebevoll noch Schokoladenherzen auf den Teller. »Alles braucht seine Zeit. Und du schrei nicht so, sonst kommt am Ende Weihnachten gar nicht!«

Aber das meint die Oma nicht so. Sie steckt nämlich dem Frieder ein Schokoladenherz in den aufgesperrten Mund und schiebt ihn aus der Küche. »Wart in deinem Zimmer, Bub, bis ich dich ruf«, sagt sie noch. »Und sing dir was, dann dauert das Warten nicht so lang, gell?«

Frieder zieht brav ab in sein Kinderzimmer und schnauft vor sich hin. Singen soll er! Wie kann er denn singen, wenn er den Mund voll hat? Und außerdem, sie singen doch immer zusammen die schönen Weihnachtslieder. Und außerdem, vom Singen geht die Zeit nicht vorbei, bestimmt nicht. Oder?

Frieder setzt sich auf seinen Stuhl, faltet die Hände und schluckt den letzten Bissen Schokoladenherz runter und kräht laut in Richtung Küche: »Ihr Kinderlein kommet, oh kommet doch all!« Vielleicht singt jetzt die Oma: »Oh Friederlein komme, oh komme sogleich!« Dann kann er nämlich sofort raus und rein ins Weihnachtszimmer! Frieder horcht. Die Oma singt aber nicht, die ist noch immer in der Küche. Das dauert ja ewig. Frieder seufzt und fängt wieder an zu singen. Und noch einmal und noch einmal, immer lauter und lauter. »Sing leiser!«, schreit die Oma aus der Küche. »Das Haus stürzt ja ein!«

»Dann ruf mich doch endlich, Oma!«, brüllt der Frieder zurück. »Damit ich nicht dauernd singen muss.«

Aber die Oma ruft ihn immer noch nicht. Frieder kann überhaupt nicht mehr still sitzen. Und warten kann er auch nicht mehr, und das Singen, das hat nichts genutzt.

Da hat der Frieder plötzlich eine Idee! Er muss doch bloß selber was machen, damit Weihnachten endlich kommt. Und er weiß auch schon, was. Er muss einfach die Kerzen am Glitzerbaum anzünden, denn wenn der brennt, dann ist Weihnachten auf jeden Fall da!

Frieder kichert und freut sich und schleicht leise, ganz leise raus und schlüpft ins Weihnachtszimmer. Da steht der Glitzerbaum, schön geschmückt mit silbrigen Fäden. Sie haben ihn heute früh zusammen geschmückt, und Leckereien haben sie auch drangehängt. Und unterm Baum, da liegen die Geschenke!

Zum Glück fällt dem Frieder noch rechtzeitig ein: Die darf er ja nicht sehen, auch wenn sie eingewickelt sind!

Frieder kneift die Augen zu und blinzelt wirklich nur ein kleines bisschen hin zu den Geschenken und tastet sich zum Glitzerbaum. Da muss er jetzt die Kerzen anzünden, das geht doch leicht. Zündeln darf der Frieder nicht, da wird die Oma bitterböse. »Ich zündel ja gar nicht«, denkt der Frieder und tastet nach den Streichhölzern, »ich zünd doch bloß die Kerzen an, dann wird es eine Überraschung für die Oma und dann freut die sich!«

Er muss bloß schnell machen, damit er fertig wird, ehe die Oma kommt. Es sind viele Kerzen am Baum!

Frieder zündet ein Streichholz an und macht schnell die Augen wieder zu, damit er die Geschenke nicht sieht. Das Streichholz brennt und es brennt ein bisschen an seinem Finger. »Aua!«, schreit der Frieder, lässt das Streichholz fallen, reißt die Augen auf und holt sich gleich ein neues. So, jetzt klappt es aber! Er zündet es an, reckt sich und hält es an eine Kerze und presst schnell die Augen wieder zu. Gleich brennt die Kerze, gleich! Die Kerze brennt nicht. Das Streichholz ist wieder ausgegangen. »Da müssen mehr Streichhölzer her«, denkt der Frieder. Er öffnet die Augen einen Spalt weit, zieht gleich vier Streichhölzer aus der Schachtel, reibt sie an. Das knistert und flammt. Und Frieder grinst und hält sie an die Kerze. Hurra, die Kerze brennt! Und so brennt bald der ganze Lichterbaum und Frieder kneift die Augen wieder zu und hält das Streichholzbündel schön fest. Da brennt etwas an seiner Hand. »Aua!«, schreit der Frieder, wedelt mit der Hand und wedelt die Streichhölzer fort und stößt gegen die Kerze. Die kippt und fällt … und fällt auf seinen Hausschlappen. Es knistert und züngelt und …

»Am Weihnachtsbaume die Lichter brennen!«, singt die Oma fröhlich in der Küche, und Frieder steht im Zimmer und brüllt aus vollem Hals: »Oma, Oma, Oma, mein Schlappen brennt und ich auch!«

Mit einem Sprung ist die Oma im Zimmer. Und mit einem Sprung ist sie auch schon wieder draußen und ist schon wieder da und kippt mit einem Schwapp einen Eimer Wasser über den Frieder. Der japst und schnappt nach Luft und ist klatschnass und zittert. Vor Schreck und von dem kalten Wasser. Das läuft ihm über die Backen, tropft aus seinen Haaren, und in seinem Hausschlappen ist ein schwarzes Loch.

»Das war knapp!«, schnauft die Oma und setzt sich auf den Eimer und wischt sich die Stirn. »Gezündelt wird nicht, wie oft soll ich das noch sagen! Steckt doch der Zündler das Haus in Brand, dass alles verbrennt, Mann und Maus! Ich glaub, jetzt wird mir schlecht!«

Da muss der Frieder schrecklich weinen und er stürzt hin zur Oma auf den Eimer, klatschnass, wie er ist, und

schluchzt los: »Oma, ich hab doch bloß Weihnachten machen wollen! Ich bin aber beinah verbrannt!«
»O Gott, o Gott«, jammert die Oma und drückt den klatschnassen Frieder an ihre schönste Bluse. »Das wär ja was gewesen. Fröhliche Weihnachten, kann ich nur sagen!« Aber dann sagt sie nichts mehr. Sie trägt den heulenden Frieder in sein Zimmer und zieht ihn um, in seine zweitschönste Hose, und trocknet ihm das Gesicht und streichelt dabei seine Backen und sagt: »Schau, Bub, es ist ja noch mal gut gegangen. Gut, dass du deine Oma hast, gell?«
Da nickt der Frieder und schnupft auf und flüstert: »Oma, ich zündel nie wieder, nie wieder!«
»Dein Wort in Gottes Ohr!«, sagt die Oma und nimmt den Frieder an die Hand und singt los: »Ihr Kinderlein kommet, o kommet doch all!« Und Frieder strahlt und hält Omas Hand ganz fest und singt mit. Und Hand in Hand und mit lautem Gesang marschieren Oma und Frieder ins Weihnachtszimmer. »Augen zu!«, befiehlt die Oma, und als Frieder die Augen wieder öffnen darf, da strahlt der Glitzerbaum im schönsten Kerzenschimmer. Und dem Frieder wird ganz anders, tief im Bauch.
Jetzt ist Weihnachten da! Endlich! Und die Oma steht neben ihm, die Hände über dem Bauch gefaltet, und

andächtig singt sie: »Am Weihnachtsbaume die Lichter brennen …« Ihre Stimme zittert ein bisschen dabei. Frieder singt mit, aber seine Stimme zittert überhaupt nicht. Er schaut auf die Geschenke, weil, nun darf er ja schauen, und gleich darf er auch auswickeln, und ein Geschenk, das sieht so groß aus, das ist bestimmt für ihn. Aufgeregt hüpft Frieder auf und ab … da hat die Oma endlich zu Ende gesungen und »Jetzt wird gefeiert, Bub!« gesagt und dem Frieder einen Schmatz auf die Backe gedrückt. »Frohes Fest, du Zündellauser, und wenn du das schöne Geschenkpapier wieder so rumschmeißt, dann hau ich dir den Popo voll, haben wir uns verstanden?« Aber sie hat dabei gelacht, und Frieder hat »Juchu« gebrüllt und hat sich auf die Geschenke gestürzt und das Geschenkpapier rumgeschmissen. Das große Geschenk, das war ein feuerrotes Feuerwehrauto! Das größte und schönste und roteste überhaupt! Und ein kleines Geschenk, das waren … neue Hausschlappen. Hellblau und ganz ohne Loch!

Fernsehen

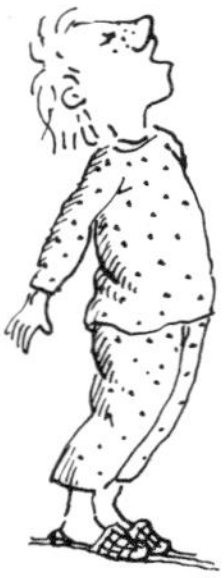

»Oma!«, schreit der Frieder und zupft an Omas Rock. »Oma, ich kann überhaupt nicht schlafen!« »Ja lässt du mich gleich los, Rotzbub!«, zetert die Oma. »Ja weißt du denn, wie spät das ist? Marsch, ab mit dir ins Bett.«

Die Oma sitzt im Sessel vor dem Fernseher und hat die Augen zu und die Beine hochgelegt. Im Fernseher stehen Leute herum, fein gekleidet, und plaudern miteinander, sehr leise und sehr höflich.

»Aber Oma«, jammert der Frieder und schielt zum Fernseher hin, »wenn ich doch nicht schlafen kann! Meine Augen gehen immer wieder auf. Ich glaub, die wollen Fernsehen gucken.« »Das glaub ich nie und nimmer!«, sagt die Oma. »Weil das jetzt was für Große ist. Haben wir uns verstanden?« Sie steht ächzend auf und bringt den Frieder in sein Kinderzimmer. Da steckt sie ihn ins Bett, deckt ihn noch fest zu mit der feuerroten Decke, gibt ihm einen Schmatz auf die Backe und sagt: »Da bleibst jetzt drin und schläfst mir schön. Morgen ist auch noch ein Tag und damit

Schluss. Nix will ich mehr hören.« Und damit geht sie wieder raus und macht die Tür fest zu.
Frieder liegt im Bett und ärgert sich. Wenn er doch wirklich gar nicht schlafen kann! Er hat es doch versucht, bestimmt! Aber seine Augen sind ganz wach, und Fernsehen gucken, das wär jetzt schön. Zuschauen, wie die feinen Leute plaudern. Und roten Wein trinken die bestimmt auch, und schlafen tun sie ganz bestimmt nicht. Nur er soll schlafen, weil das die Oma will! Blöd!
Wütend haut der Frieder auf die feuerrote Decke, aber davon wird er auch nicht müde, er wird sogar immer wacher! Die Oma, die hat's gut! Die kann Fernsehen gucken, sooft sie will. Bloß, sie will ja gar nicht. Die sitzt vorm Fernseher und schnarcht, das kann der Frieder durch die geschlossene Türe hören. Die armen feinen Leute plaudern ganz umsonst und niemand schaut ihnen dabei zu.
»Doch, ich«, denkt der Frieder trotzig, »jetzt nämlich grad!« Und schon steigt er aus seinem Bett und krabbelt leise, ganz leise auf allen vieren raus aus seinem Zimmer. Und weiter geht's auf allen vieren durch den Flur und leise, leise rein in die Küche, wo die Oma sitzt und schnarcht, dass die Wände wackeln.
Frieder kichert leise und kriecht blitzgeschwind unter

Omas Sessel. Zwischen Omas Hausschlappen hindurch kann er ganz prima den Fernseher sehen und die feinen Leute drin auch. Frieder grinst und legt sich auf den Bauch und starrt. Herrlich! Jetzt kann er Fernsehen gucken bis zum Morgen, mindestens. Die Oma merkt's ja nicht, die schläft.

Die feinen Leute prosten sich zu und winken und schnattern dabei, und Frieder winkt ein bisschen mit und schnattert auch ein bisschen mit, aber bloß leise, damit's die Oma nicht hört. Was die Leute da schnattern, kann der Frieder nicht verstehen, das ist auch ganz egal. Hauptsache, er kann zuschauen, so lange und so viel er will!

Jetzt schaut er aber bestimmt schon ganz lange, so lange wie noch nie, und die Leute schnattern immer noch. Und ein bisschen fallen dabei dem Frieder die Augen zu, aber bloß ein bisschen. Er reißt sie gleich wieder auf, und über ihm im Sessel schnarcht die Oma, und in dem Fernseher … sind plötzlich die feinen Schnatterleute weg. Dafür erscheint plötzlich eine riesige Hand, die hält ein riesiges Messer, das blitzt gefährlich. Und da ist auch plötzlich eine Musik, die tönt so schlimm, so »rummelrummelrummelrummel«, dass dem Frieder ganz komisch im Bauch wird. Was macht denn jetzt die Hand mit dem

gefährlichen Messer und wo sind denn die feinen Leute hin?
Da sind sie auch schon wieder da und plaudern und haben das Messer gar nicht gesehen. Der Frieder aber schon. Er sieht, und dabei werden seine Augen immer größer, wie das Messer wandert, immer näher hin zu den Leuten. Frieder hält den Atem an ... Das Messer wird die Leute stechen, ganz klar! Das darf es aber doch nicht, das tut doch weh! Die Leute sollen weglaufen, ganz schnell, bevor das böse Messer kommt! Frieder will schreien: »Nehmt euch in Acht, es kommt der böse Wolf.« So wie es im Märchenbuch gerufen wird, wenn Gefahr droht. Aber hier droht ja gar nicht der böse Wolf, hier droht ja das Messer, und Frieders Kehle ist wie zugeschnürt, keinen Laut bringt er heraus. Dafür ist im Fernseher plötzlich ein fürchterliches Geschrei und ganz viel Rot ist da auch ... Frieder liegt ganz starr vor Schreck und das Rot wird immer mehr. Da wimmert der Frieder jammervoll auf: »Oma, Oma, Oma, Oma!« Mehr bringt er gar nicht raus.
Da ist das fürchterliche Geschrei plötzlich weg ... aber das Rote ist noch da, sehr sogar und sehr nah. Voller Entsetzen presst der Frieder die Augen zu und reißt sie gleich wieder auf. Weil eine Hand nach ihm gegriffen hat. Das auch noch! Jetzt kommen sie ihn

holen! Frieder starrt entsetzt und blickt … in ein rotes Oma-Gesicht. Die kniet vor ihm auf dem Boden und zetert los: »Ja bist du denn vom wilden Watz gebissen? Ins Bett gehörst du, Lauser, und nicht unter meinen Sessel.«

Der Frieder schnauft tief auf und krabbelt raus.

»Oma!«, stöhnt er. »Oma, gut, dass du da bist! Die Leute sind nicht weggerannt und das Messer hat sie alle totgestochen!«

»Das kommt davon«, sagt die Oma und stellt den Frieder auf die Beine, »wenn man klammheimlich Fernsehen guckt, dann bekommt man einen Schrecken!«

Und sie droht zum Fernseher hin und murmelt dabei zornig: »Das ist ja der reinste Kinderschreck! So was gehört verboten! Miserabliges Fernsehprogramm, miserabliges!«

Frieder nickt und schnauft und hält sich an der Oma fest. Er schielt dabei zum Fernseher hin. Der ist schwarz, die Leute sind weg, das böse Messer aber auch. Gott sei Dank!

»Jetzt aber ab mit dir ins Bett«, sagt die Oma und gähnt, »dir fallen ja schon die Augen zu, und mir auch.«

Frieder muss auch gähnen und die Oma schleppt ihn in sein Zimmer, aber als er da sein rotes Bett sieht, ist

er plötzlich wieder wach. »Oma!«, fleht er. »Oma, das ist ja so rot! Da kann ich gar nicht schlafen!«
»Ich denke, du hast Rot so gerne?«, sagt die Oma und grinst … aber dann hat sie Frieders Bett ganz neu bezogen. Mit himmelblauer Bettwäsche.
Frieder strahlt und hüpft ganz von alleine ins Bett … und hüpft gleich wieder raus. »Oma!«, wispert er und schaut sich ängstlich um im dämmrigen Zimmer. »Oma, wir müssen erst das Messer suchen, bestimmt! Hilf mir!«
»Rotzlöffel!«, zetert die Oma. »Ja was denn jetzt noch? Mitternacht ist gleich vorbei!«
Und sie hat tief geseufzt und tief gegähnt und … mit dem Frieder das Messer gesucht, mitten in der Nacht und in der ganzen Wohnung. Und dann haben Oma und Frieder das Messer tatsächlich gefunden! Nämlich in der Küche in der Küchentisch-Schublade.
»Dort gehört's auch hin und nicht in ein miserabliges Fernsehprogramm!«, hat die Oma gesagt. »Das ist nämlich mein Messer und damit wird niemand erstochen, dass du's nur weißt. Höchstens die Wurst.«
Und sie hat aus dem Eiskasten die Wurst geholt und Scheibchen abgeschnitten und Oma und Frieder haben Wurst gemampft, mitten in der Nacht.
Und dann hat die Oma das Messer neben die Wurst in

den Kühlschrank gelegt und die Tür fest zugemacht. Sicher ist sicher. Und dann konnte Frieder endlich schlafen … aber sicherheitshalber in Omas Bett!

Der Besuch

»Oma!«, schreit der Frieder und zupft an Omas Rock. »Oma, ich hätt so gerne mal Besuch! Einen für mich ganz alleine!«
»Ja lässt du mich gleich los, Rotzbub«, zetert die Oma und lässt das Bügeleisen über ein kariertes Hemd vom Frieder sausen. »Du hast doch mich, ganz für dich alleine, zu was brauchst du denn da noch Besuch?« Die Oma faltet sorgfältig das Hemd und greift zum nächsten, eines mit roten Pünktchen.
»Aber Oma«, mault der Frieder und hüpft vor dem Bügelbrett auf und ab. »Aber Oma, dich seh ich doch immerzu. Dich kenn ich doch schon. Den Besuch aber doch nicht!«
Die Oma bügelt und schaut nicht auf. »Weg vom heißen Eisen, Bub«, sagt sie nur noch. »Ein Besuch, ein fremder, kommt mir heute nicht ins Haus. Ich hab zu tun, das siehst du doch!« Sie greift nach einem Stapel Taschentücher, und der Wäschekorb ist immer noch ganz voll.
Da schleicht sich Frieder in sein Zimmer. Wenn die

Oma bügelt, dann stört er bloß, das weiß er längst. Dann spielt die Oma auch nicht mit ihm. Blöd! Wenn jetzt Besuch da wär, ein fremder, dann täte der bestimmt mit ihm spielen. Und ein Geschenk täte der auch mitbringen, der Besuch, weil man das muss. Aber es kommt ja keiner, zu ihm jedenfalls nicht, das ist dem Frieder klar.

Also muss er jetzt alleine spielen, und ganz bestimmt furchtbar lange, bis die Oma fertig ist. Mist! Frieder schaut sich um und kickt dann ein bisschen gegen den Fußball und hört gleich wieder auf. Fußball kicken in der Wohnung darf er nicht, weil davon manchmal Fensterscheiben in die Brüche gehen. Krach machen darf er aber auch nicht, weil, davon stürzt das Haus ein, das sagt die Oma immer. Das Haus ist aber noch gar nie eingestürzt und die Oma bügelt immer noch.

Frieder seufzt tief auf. Nichts darf er hier machen, wozu er Lust hat, und Besuch kommt auch nicht und überhaupt lässt man ihn hier ganz alleine. Frieder tut sich selber furchtbar leid und schüttelt ein bisschen am Teddy. Der liegt auf seinem Bett und ist auch ganz alleine. Armer Teddy.

»Teddy?«, fragt der Frieder und rüttelt noch stärker am Teddy. »Soll ich dich besuchen?« Aber der Teddy sagt bloß »Brumm«, wie immer, wenn er geschüttelt

wird. »Heißt das nun nein oder ja?« Frieder beschließt, das heißt ja. Er setzt den Teddy aufrecht hin und sagt streng: »Da bleibst du jetzt schön brav sitzen, haben wir uns verstanden? Bis ich dich besuchen komm!«
Frieder marschiert zur Tür, ruft »Klingelingeling«, marschiert zurück auf den Teddy zu und sagt sehr würdevoll: »Grüß Gott, ich bin der fremde Besuch, freust du dich?« Und er schüttelt heftig Teddys Pfote. Da fällt der Teddy auf den Rücken mit einem langen »Brummm« und bleibt still liegen. Mucksmäuschenstill.
Frieder ärgert sich. Was für ein blödes Spiel, wo einer auf den Rücken fällt und bloß brummt, wenn er besucht wird! Und überhaupt, der Teddy kennt ihn ja und er kennt den Teddy auch. Und einen Teddy besuchen, mit dem man sowieso zusammenwohnt, das ist ganz blöd! Der Frieder schmeißt den Teddy in hohem Bogen von seinem Bett und … legt sich selber rein. Wenn ihm schon nichts einfällt, dann geht er eben schlafen. So! Mit allen Kleidern. Und die Hausschlappen, die lässt er an den Füßen. Die Oma sieht's ja nicht, die bügelt ja. Frieder grinst und kuschelt sich tief unter die Decke und zieht auch noch das Kissen über seinen Kopf. Nun ist es dunkel wie in der Nacht. Aber Nacht ist doch noch lange nicht und Schlafengehenszeit auch nicht und überhaupt ist es furchtbar

heiß im Bett. Frieder schwitzt, am Kopf, am Bauch und an den Füßen. Und überhaupt ist er kein bisschen müde und überhaupt …

Frieder fährt plötzlich hoch im Bett, dass das Kissen auf den Boden fliegt. Er hat was gehört, ganz deutlich! Es hat geklingelt, ganz deutlich! Frieder sitzt kerzengerade im Bett und horcht. Da klingelt es wieder, noch einmal und noch einmal. Das ist die Flurtürklingel, die kennt der Frieder gut, und wie der Blitz saust er raus aus dem Bett und flitzt zur Tür und … bleibt stehen. Die Flurtür aufmachen, wenn ein Fremder klingelt, darf er nicht, das hat die Oma streng verboten.

»Oma!«, schreit der Frieder. »Oma, komm schnell und mach auf! Da ist wer draußen!« Aber keine Oma antwortet und keine Oma kommt, auch nicht, als der Frieder noch mal ruft und noch mal. Wo ist die Oma denn? Dem Frieder wird plötzlich ganz anders. Die Oma, die ist weg. Und draußen ist einer, der klingelt immerzu. Und wenn Frieder jetzt aufmacht, dann kommt der rein. Und es ist vielleicht ein Räuber mit vielen Pistolen, der alles räubern will. Was soll er denn jetzt machen?

»Ich muss mich verstecken, aber schnell«, denkt der Frieder und rührt sich nicht von der Stelle. Seine Füße sind wie angewachsen. Wie kann er sich denn verste-

cken, wo doch da draußen einer steht und nicht weggeht und immerzu klingelt?
»Geh weg, Räuber«, fleht der Frieder, aber er fleht es nur leise, damit der Räuber ihn nicht hört. Und »Oma, komm doch!« fleht er auch noch. Aber der Räuber bleibt und klingelt, und die Oma bleibt weg. Da hört das Klingeln plötzlich auf und Frieder hört eine tiefe Stimme, die brummt: »Ja flixnocheins, wann lässt mich der Lauser denn endlich rein! Ich steh mir ja noch die Füße in den Bauch!«
Die Oma! Das ist ihre Stimme, die kennt der Frieder gut. Und Frieder schnauft tief auf und reißt die Tür weit auf und schreit los: »Oma, hast du mich aber erschreckt! Kinder darf man nicht erschrecken!« »Und einen Besuch darf man nicht warten lassen, das sind ganz schlechte Manieren!«, sagt die Oma und marschiert würdevoll mit Hut und Mantel in den Flur. »Darf man hier bitte sehr ablegen?«
Und da begreift der Frieder endlich. »Mensch, Oma!«, sagt er vorwurfsvoll. »Mensch, Oma, ich hab gedacht, du bist ein Räuber!«
»Räuber klingeln nicht an Türen!«, sagt die Oma und zieht ihren Mantel aus und setzt ihren Hut ab, und die Handtasche behält sie in der Hand. »Und denen machst du auch nicht auf, haben wir uns verstanden?

Aber einen lieben Besuch, den bittet man herein.« Und damit marschiert sie zu Frieders Kinderzimmertüre und klopft an. »Pochpochpoch, ist da wer?« Frieder kichert und springt zur Tür und macht sie weit auf. »Jawohl!«, sagt er. »Ich bin da, Oma!« Und er macht einen tiefen Diener, beinahe bis zum Boden.

Der Oma-Besuch wandert zu Frieders Stuhl, lässt sich ächzend darauf nieder und stellt die Handtasche hübsch ordentlich auf seinen Schoß.

»Nett haben wir es hier«, sagt der Besuch und schaut sich um. »Wirklich nett, ein bisschen schlampig zwar, doch nett!«

»Jawohl!«, sagt der Frieder und setzt sich auch auf einen Stuhl und faltet ordentlich die Hände.

Der Besuch wackelt freundlich mit dem Kopf und nickt dem Frieder zu. Der Oma-Besuch räuspert sich »ähemm, ähemm« und Frieder räuspert sich auch »ähemm, ähemm« und dann fällt ihm nichts mehr ein. Dafür aber dem Oma-Besuch. Er wackelt heftig mit der Handtasche und knipst sie auf und knipst sie zu und … Da weiß es der Frieder wieder.

»Oma!«, sagt der Frieder und macht eine tiefe Verbeugung auf dem Stuhl, dass er beinahe runterkippt. »Oma, hast du mir was mitgebracht?«

»Aber sicher«, brummt der Oma-Besuch und grinst,

»weil sich das gehört!« Und die Oma zieht ein Päckchen aus der Handtasche und überreicht es dem Frieder mit einem »Wohl bekomm's und herzlichen Dank für die Gastfreundschaft!«.

»Juchu!«, schreit der Frieder und reißt das Päckchen auf, dass die Fetzen bloß so fliegen. »Juchhu, ich krieg was mitgebracht!« Und zum Vorschein kommt sein bunt kariertes Hemd, schön gebügelt und gefaltet.

»Da staunst du aber, gell?«, sagt die Oma und sammelt schnell die Papierfetzen ein und streicht sie ordentlich glatt. »Es geht!«, sagt der Frieder und schluckt ein bisschen. Das Hemd, das kennt er doch schon, das hat er beinahe alle Tage an. Das ist doch kein richtiges Geschenk. Aber weil man zum Besuch sehr höflich sein muss, schüttelt der Frieder der Oma die Hand und macht aus Versehen einen Knicks und murmelt: »Ich dank auch schön, vielen herzlichen Dank!« Und er betrachtet enttäuscht das Hemd.

»Nicht der Rede wert!«, brummt die Oma und grinst den Frieder an. »Da wollen wir doch schauen, ob das Hemd auch passt!«

»Es passt, Oma!«, flüstert der Frieder und schluckt noch ein bisschen mehr. »Weil, das Hemd, das kenn ich schon!«

Aber da hat die Oma das Hemd, das frisch gebügelte,

schon auseinandergefaltet. Und aus dem Hemd kullert was raus, direkt vor Frieders Füße. Ein klitzekleines Spielzeugauto, knallgelb mit schwarzen Rädern, wie in echt!

Frieder staunt und freut sich. Das ist ja ein Geschenk, ein richtiges, und ein tolles noch dazu!

»Oma!«, brüllt der Frieder los. »Oma, du bist der allertollste Besuch!« Und er lässt das Spielzeugauto über den Teppich flitzen.

»Das will ich wohl meinen«, brummt die Oma und nimmt ihre Handtasche und geht in die Küche. »Ich hab's dir ja gleich gesagt! Hauptsache, du hast mich! Und jetzt komm in die Küche, Abendessen gibt's!«

Frieder grinst und saust hinter der Oma her, das neue Spielzeugauto fest in der Hand.

Und das ganze Abendessen lang haben Oma und Frieder »Besuch« gespielt. Mal hat der Frieder die Oma besucht und ihr ein Stückchen Käse geschenkt, mal hat die Oma den Frieder besucht und ihm Saft eingeschenkt. Mit vielen Verbeugungen und mit »Jawohl!« und »Ich dank auch schön!«.

Und das gelbe Spielzeugauto stand mitten auf dem Tisch, zwischen dem Käse und der Wurst, dem Saft und den Semmeln. Und nachher war es dann in Frieders Bett – auf seinem Kopfkissen drauf!

Schule

»Oma!«, schreit der Frieder und zupft an Omas Rock. »Oma, jetzt sag, wann komm ich denn endlich in die Schule?«

»Ja lässt du mich gleich los, Rotzbub«, zetert die Oma. »Morgen in der Früh, Punkt acht, wie oft soll ich das noch sagen! Und du machst mir jetzt endlich die Augen zu und schläfst mir brav, damit du mir morgen munter bist für deinen Ehrentag!« Die Oma steht neben Frieders Bett und hängt schön ordentlich über den Stuhl: Frieders Hose, frisch gewaschen, Frieders Hemd, frisch gebügelt, saubere Unterwäsche und saubere Socken, und die blank geputzten Schuhe stellt sie hübsch nebeneinander unter den Stuhl.

Frieder hopst im Bett aufgeregt auf und ab. Morgen kommt er in die Schule, Punkt acht! Darauf freut er sich doch schon so lange. Weil, einen wunderschönen Schulranzen haben sie gekauft, die Oma und der Frieder, hellblau mit einem gelben Elefanten drauf. Die Oma wollte ja lieber einen in Braun, wegen dem Schmutz. Aber dann hat sie eingesehen, dass alle Kinder heutzutage bunte Ranzen haben, weil das einfach heute so ist.

Da steht der Ranzen, auf dem Tisch, nagelneu, und wartet bloß darauf, dass Frieder ihn sich auf den Rücken schnallt und damit zur Schule marschiert. Frieder kann es kaum erwarten. »Oma!«, bettelt er und ist schon halb draußen aus dem Bett. »Du, Oma, ich muss den Ranzen noch mal ausprobieren. Ob der auch auf meinen Rücken passt.«

»Nix da, Lauser!«, sagt die Oma streng und steckt den Frieder zurück unter die Decke. »Der passt! Und die Zuckertüte erst recht! Und jetzt wird geschlafen, Herzensbub, und keinen Mucks will ich mehr hören.«

Sie gibt dem Frieder noch einen Schmatz auf die Backe und sagt feierlich: »Und ich gratulier dir auch schön zum Schulanfang und träume süß und gute Nacht.« Und damit marschiert sie raus und macht die Tür fest zu.

Frieder liegt im dämmerdunklen Zimmer und kann überhaupt nicht schlafen, kein bisschen. Immerzu muss er hinschauen zum wunderschönen, nagelneuen Ranzen auf dem Tisch. Wie der da steht und wartet, auf ihn, den Frieder, der morgen doch endlich ein Schulkind wird.

Zur Zuckertüte allerdings möchte er noch viel lieber schauen, das geht aber leider nicht. Die hat die Oma in der Küche eingesperrt. »Sicher ist sicher«, hat sie gesagt, und sie hat ihm auch nicht verraten, was alles in der Zuckertüte steckt, weil man das erst wissen darf, wenn die Schule aus ist. Das hat ihm die Oma genau erklärt.

Weil man nämlich eine Belohnung haben muss, wenn man zum ersten Mal zur Schule geht.

Frieder seufzt tief auf. Eine Belohnung könnte er jetzt schon brauchen, sehr sogar, weil die Schule immer noch nicht anfängt. Immer noch nicht? Vielleicht doch! Es ist ja draußen noch beinahe ganz hell, vielleicht hat die Oma sich mit der Uhr geirrt, das tut sie manchmal, sie ist ja schon alt. Dann fängt gar die Schule ohne ihn an! Das geht auf keinen Fall! Das muss die Oma einsehen!

Sofort steigt Frieder aus dem Bett, schnallt sich den Ranzen auf den Schlafanzugrücken und flitzt zur Oma in die Küche, dass der Ranzen auf seinem Rücken auf und ab hüpft. »Oma!«, brüllt er. »Oma! Ich glaub, die Schule fängt schon an!«

»Ha!«, schreit die Oma auf und lässt ihr Strickzeug fallen und fährt aus dem Sessel hoch. »Hast du mich aber erschreckt! Ja willst du Lauser wohl wieder ins Bett!

Am Abend geht kein Mensch in die Schule, das wären ja ganz neue Sitten! Marsch, ab mit dir, und Augen zu und Schluss! Eine Oma ist auch nur ein Mensch, und der Tag war lang genug und morgen wird er noch viel länger, haben wir uns verstanden?«

Frieder nickt trübe, schnauft auf und macht kehrt mit dem Ranzen auf dem Rücken und wandert zurück in sein Zimmer. Am Abend geht wirklich kein Mensch zur Schule, das muss er einsehen. Aber schlafen kann er trotzdem nicht. Und ganz bestimmt die ganze lange Nacht nicht.

Frieder seufzt und stellt den Schulranzen fein säuberlich wieder auf den Tisch. Der muss auch warten, der arme Ranzen. Da fällt ihm wieder die Zuckertüte ein. Die muss erst recht warten, und zwar ganz alleine in der Küche. Die Oma sitzt ja nicht ewig da und strickt, die geht bestimmt bald schlafen.

Frieder seufzt ein zweites Mal. Die arme, glitzrige Zuckertüte. Hellblau ist sie, wie der Ranzen, bloß ohne gelben Elefanten. Dafür glitzert sie so schön wie ein Weihnachtsstern. Von außen kennt der Frieder sie schon gut, bloß von innen noch nicht.

Frieder seufzt ein drittes Mal. Das dauert ja ewig lange, bis endlich Schule ist, und es dauert sicher noch viel länger, bis die Schule aus ist und er die Zucker-

tüte öffnen darf! Die Oma hat ja selber gesagt, der Tag morgen, der Schultag, der wird lang.
Und vielleicht sind in der Zuckertüte Sachen drin, die dann schlecht werden? So wie Käse verschimmelt oder eine Wurst verdirbt. Das darf man dann auf keinen Fall essen, da wird man furchtbar krank davon!
Dem Frieder wird's ganz anders. Das wär ja was!
Da kommen morgen viele Kinder mit vielen Zuckertüten in die Schule und hinterher wird geschleckt und genascht und in seiner Zuckertüte ist plötzlich lauter fauliges Zeug, das stinkt! Die Oma ist doch schon alt! Vielleicht hat sie beim Einkaufen ihre Brille nicht aufgehabt und aus Versehen hat sie uraltes Stinkezeug gekauft. Sie hat es nicht gemerkt und hat es einfach in seine Zuckertüte gesteckt!
Frieder schluckt und ihm ist klar, er muss zur Zuckertüte, jetzt gleich. Er muss einfach dran schnuppern, dann riecht er's ja gleich. Aber zum Schnuppern muss er in die Küche, und da sitzt doch die Oma und strickt! Oder? Frieder schleicht leise zur Tür und horcht hinaus. Ob er die Oma stricken hört? Oder aber schnarchen? Schnarchen wäre noch besser, dann schläft sie nämlich vor dem Fernseher und er kann sich rasch die Zuckertüte schnappen und ab damit wieder in sein Zimmer.

Frieder horcht und horcht. Er hört überhaupt nichts. Weder Stricknadeln klappern noch hört er den Fernseher brummen und auch kein Omaschnarchen. Umso besser! Dann ist die Oma schon im Bett oder im Bad und putzt ihr Gebiss.
Frieder kichert und huscht wieselflink über den Flur, rein in die stockdunkle Küche.
Wo ist die Zuckertüte denn? Frieder tastet sich hin zum Küchenhocker. Die Zuckertüte fasst sich aber komisch an, so rund und rau, wie ein Korb. Zuckertüten sind doch spitz und glatt! Das ist sie ja auch gar nicht, das ist ja Omas Einkaufskorb. Aber wo ist sie dann? Frieder tastet weiter auf dem Tisch herum, da knistert Omas Zeitung unter seinen Fingern, und als er weiterfasst, greifen seine Finger was Glattes, Rundes … aber klein ist das! Ist denn die Zuckertüte geschrumpft? Da krabbeln seine Finger rein in das kleine Runde und greifen in was Nasses, und als er an dem Nassen schleckt, da schmeckt er … Kaffee. Iiiiigittt! Er hat in Omas Kaffeetasse reingegriffen, und die Zuckertüte hat er immer noch nicht gefunden. Die ist bestimmt auf Omas Sessel, da hat die Oma sie versteckt. Vielleicht hat sie auch draufgesessen, dann ist sie platt! Das wär ja was! Eine platte Zuckertüte, platt gesessen von der Oma!
So schnell er kann, tastet sich Frieder zu Omas Sessel

und tastet auf dem Sitz herum … und fährt zurück! Auaaa! Da hat ihn was gebissen, in die Fingerspitzen rein. Was Spitzes, Stachliges! Ein Tier, ein wildes, ganz bestimmt! Und zwar eins, das beißt und nicht will, dass er seine Zuckertüte findet!
Frieder duckt sich blitzschnell, krabbelt unter den Küchentisch. Da ist der plötzlich so eng geworden und Frieder stößt sich böse den Kopf und, schlimmer noch, er klemmt fest, wie in einer Falle. Und gleich kommt das wilde Tier und schnappt zu und nie mehr kann er dann in die Schule gehen und die Zuckertüte ist verschwunden. Die hat bestimmt auch das wilde Tier gefressen, mit allen Sachen drin, und er wird keine Zuckertüte kriegen. Und alle Kinder kriegen Zuckertüten. Frieder brüllt, so laut er kann: »Oma! Oma! Hilfe! Hier ist ein wildes Tier! Mach was, Omaaaa!«
Da ist plötzlich die Küche taghell und die Oma steht im Nachthemd in der Tür, die Zahnbürste in der Hand, und kreischt los: »Ja was ist denn jetzt das? Liegt doch der Rotzbub unterm Küchenhocker und schreit, dass die Wände wackeln.« Sie hebt den Küchenhocker von Frieders Rücken, da war der Frieder nämlich eingeklemmt, und zieht ihn hoch vom Boden und fragt: »Hast etwa schlecht geträumt, Bub? Von der Schule gar?«

»Nee, Oma«, wispert der Frieder und schaut sich vorsichtig in der Küche um. »Oma, hier ist ein wildes Tier! Auf deinem Sessel. Das will mich fangen!«

»Das wilde Tier, das soll bloß kommen, das hau ich windelweich!«, ruft die Oma und schwenkt drohend die Zahnbürste. »Auf meinem Sessel, da sitz nur ich! Und manchmal liegt da auch mein Strickzeug!« Die Oma greift in den Sessel und hebt das Strickzeug hoch und grinst, und Frieder schaut und staunt! Stricknadeln haben ihn gestochen! Und gar kein wildes Tier! Aber wer hat denn dann die Zuckertüte aufgefressen? Die ist ja weg!

»Oma!«, jammert der Frieder und drückt sich eng an Omas Nachthemd, sicher ist sicher. »Oma, ich kann gar nicht zur Schule gehen. Meine Zuckertüte, die ist weg! Und vielleicht ist da fauliges Zeug drin, das stinkt!« Und er drückt seine Nase fest in Omas Nachthemd.

»Was?«, schreit die Oma auf. »Fauliges Zeug? Das sag noch mal!« Und plötzlich ist die Oma weg und dann ist sie wieder da, und vor Frieders Augen knistert's und raschelt's und es blitzt hellblau und glitzerig und die Oma wackelt heftig mit der … Zuckertüte vor Frieders Nase. Die Zuckertüte, da ist sie ja! Und stinken tut sie auch nicht, kein bisschen. Das riecht der Frieder sofort. Er stürzt sich auf die Zuckertüte und hält sie ganz fest und die Oma bindet das Schleifchen auf, mit dem die Zuckertüte zugebunden war, ganz oben, und schüttelt den Kopf und murmelt: »Fauliges Zeug, hast du gesagt! Ich glaub, du spinnst! Und außerdem, im Kühlschrank hält sich alles frisch, auch Zuckertüten, dass du's nur weißt!«

Frieder nickt und grinst und strahlt! Er riecht es ja selber, seine Zuckertüte ist eine richtige Schulkind-Zuckertüte. Und auf jeden Fall kann er bald damit zur Schule gehen.

»Mensch, Oma!«, grinst der Frieder und drückt die Zuckertüte fest an sich. »Mensch, Oma, jetzt kann ich ja doch in die Schule!«

»Das will ich wohl meinen!«, sagt die Oma und schüttelt noch immer den Kopf und nimmt dem Frieder die Zuckertüte aus dem Arm und … schüttet sie aus auf den Küchentisch. Da kullern herrliche Süßigkeiten raus, Bonbons und Schokoküsse und Schokolade und eine gelbe Banane. »Sicher ist sicher«, sagt die Oma und greift nach einem Bonbon.

»Juchu!«, schreit der Frieder und stürzt sich auf die Süßigkeiten …

Und dann sitzen mitten in der Nacht Oma und Frieder am Küchentisch und naschen und schlecken und wickeln aus und wieder ein. Und Frieder füttert die Oma mit Bonbons und die Oma füttert den Frieder mit Schokolade, und alles schmeckt ganz wunderbar und überhaupt nicht faulig.

Und beinahe hätten sie die ganze Zuckertüte aufgegessen. Aber nur beinahe. Weil der Frieder nämlich eingeschlafen ist, mitten hinein in einen Schokokuss.

Die Oma hat ihn ins Bett gebracht und ihm noch einen Schmatz gegeben, mitten auf die schokokussverschmierte Backe.

Und am nächsten Morgen, da war dem Frieder überhaupt nicht schlecht. Er ist strahlend mit Ranzen und Zuckertüte und an Omas Hand zur Schule marschiert. Nur der Oma, der war ein bisschen schlecht! Wegen der vielen Bonbons, oder … weil Frieder jetzt ein Schulkind ist.

Alphabetisches Verzeichnis der Geschichten

Die einzelnen Titel des Sammelbandes sind als Hörbücher bei Sauerländer audio erschienen und im Buchhandel erhältlich.

Dieser Sammelband enthält folgende Titel:

»Oma!«, schreit der Frieder
© 2024, Fischer Sauerländer GmbH,
Hedderichstr. 114, 60596 Frankfurt am Main
Erstmals erschienen bei Sauerländer 1984

Und wieder schreit der Frieder: »Oma!«
© 2024, Fischer Sauerländer GmbH,
Hedderichstr. 114, 60596 Frankfurt am Main
Erstmals erschienen bei Sauerländer 1985

Oma und Frieder – Jetzt schreien sie wieder
© 2024, Fischer Sauerländer GmbH,
Hedderichstr. 114, 60596 Frankfurt am Main
Erstmals erschienen bei Sauerländer 1992

MIX
Papier | Fördert gute Waldnutzung
FSC® C083411

4. Auflage, 2026

Sonderausgabe
Erschienen bei Fischer Sauerländer

Zuerst erschienen 2021 bei Fischer Sauerländer
im Fischer Kinder- und Jugendbuch Verlag, Frankfurt am Main
Hedderichstr. 114, 60596 Frankfurt am Main
Umschlaggestaltung: Dahlhaus & Blommel Media Design, Vreden
Umschlagillustration: Rotraut Susanne Berner
Satz: Fotosatz Amann, Memmingen
Druck und Bindung: CPI books GmbH, Leck
ISBN 978-3-7373-5951-1

Kontaktadresse nach EU-Produktsicherheitsverordnung:
produktsicherheit@fischer-sauerlaender.de